똑똑 교양 11

점심시간에 지구를 구하는 법

글로 글 · 허현경 그림

인물 소개

연이음

활달한 성격으로 남녀 상관없이 두루두루 친하게 지내며 발이 넓다.
'이음'이라는 이름처럼 사람과 사람을 잇는 역할을 잘한다.

이잎새

5학년 3반 전학생.
차분하고 야무지다.
급식 시간마다 수상한 행동을 하는데,
과연 전학생의 비밀은 무엇일까?

조의리

전교 부회장이다.
이름처럼 의리를 잘 지켜 친구가 많고
정의를 중요하게 생각한다.

도후식

'또후식', '금강산도 후식경'으로 불린다.
가공 식품을 즐겨 먹고 편식이 심하다.
곤충을 세상에서 가장 무서워한다.

담임 선생님

5학년 3반 담임 선생님.
학교 텃밭 관리를 맡고 있다.
아이들을 친근하게 대한다.

영양 선생님

학생들의 영양과 급식을 담당한다.
환경 문제에 관심이 많아
아이들에게 환경에 관한 지식을 전하고,
환경 보호 활동을 적극적으로 지지해 준다.

차례

1. 수상한 전학생   7
이음이의 생각거리 ◆ 채식주의자는 급식 때 뭘 먹을까?

2. 내 친구는 페스코   22
이음이의 생각거리 ◆ 오늘 나는 지구를 위해 무엇을 했을까?

3. 우리들의 채식 수업   39
이음이의 생각거리 ◆ 나도 채식을 할 수 있을까?

4. 푸른 지구를 위해 나부터 당장   50
이음이의 생각거리 ◆ 점심시간에 탄소 배출을 줄여 보자!

5. 로컬 푸드 매장에서 생긴 일   64
이음이의 생각거리 ◆ 오늘 먹은 음식의 탄소 발자국은?

6. 스쿨 푸드 프로젝트   80
이음이의 생각거리 ◆ 채소를 심자!

7. 오늘은 줍깅   102
이음이의 생각거리 ◆ 운동도 하고 쓰레기도 줍는다!

8. 오늘의 우리가 지구를 이롭게, 오이마켓   121
이음이의 생각거리 ◆ 용돈 아끼는 오이마켓 가계부

9. 맛있는 수확   142
이음이의 생각거리 ◆ 오늘은 내가 채식 요리사

10. 우리 함께 푸.나.당!   153
이음이의 생각거리 ◆ 탄소 줄이는 습관 만들기

1. 수상한 전학생

"빅뉴스!"

나는 교실에 들어서자마자 참지 못하고 소리쳤다. 어서 이 따끈따끈한 소식을 반 아이들에게 전해 주고 싶었다. 늘 그렇듯 후식이가 가장 먼저 다가와 물었다.

"뭔데, 뭔데?"

"틀림없어."

내가 한껏 들뜬 목소리로 말하자, 이번에는 의리가 물었다.

"뭐가? 뭐가 틀림없는데?"

"드디어 우리 반에도 전학생이 오는 듯."

"와!"

내 말이 끝나자마자 반 전체가 떠나갈 듯 환호성을 질렀다. 데니스는 폴짝폴짝 뛰기까지 했다. 기대했던 반응이었다. 그리고 내 주위로 친구들이 구름 떼처럼 몰려들어 질문을 퍼부었다.

"봤어?"

"어떻게 알았어?"

"남자야, 여자야?"

"그게, 어떻게 된 거냐면……."

아이들은 내 입만 바라보았다. 나는 기대로 반짝이는 아이들의 눈빛을 보며, 귀신 이야기를 할 때처럼 잔뜩 분위기를 잡고 뜸을 들였다.

"오늘 아침에 엄마가 동생 반에 준비물 좀 가져다주라고 하시더라고. 그래서 교무실 앞을 지나가게 됐지."

"근데? 근데?"

후식이는 좀이 쑤시는지 자꾸만 몸을 비비 꼬며 나를 재촉했다.

"교무실 앞에서 우리 담임 선생님이 모르는 여자애랑 그 여자애 엄마랑 이야기하고 계셨어."

"진짜?"

"그럼 뭐겠냐? 딱 봐도 전학생이지."

드디어 우리 반에도 기다리고 기다리던 전학생이 온다. 1반과 2반에 전학생이 왔다는 이야기를 들을 때마다 사실 좀 부러웠다. 전학생에게 이것저것 알려 주며 떼 지어 다니는 모습이 어찌나 부럽던지. 자기네 반이 더 좋아서 자기네 반에만 전학생이 온 거라며 자랑할 때는 얄밉기까지 했다.

정말 말도 안 되는 이야기라고 생각하면서도, 속으로는 우리 반에도 어서 전학생이 왔으면 싶었다. 게다가 우리 반은 전체 인원이 홀수여서 팀이나 짝을 정할 때마다 늘 깍두기가 생겼다. 전학생이 오면 이 문제도 자연스럽게 해결이 된다. 새로운 학년이 된 지 이 주째. 조용하기만 한 우리 반에도 무언가 새로운 사건이 일어나길 모두가 바라고 있었다.

드르륵.

드디어 교실 문이 열리고 담임 선생님이 들어오셨다.

'전학생은 어디 있지?'

나는 슬그머니 선생님 뒤를 살폈다. 복도 창문 너머로 사람 그림

자가 아른거렸다.

'그거 봐, 내 말이 맞지?'

눈빛으로 속마음을 전하자, 후식이와 의리가 나를 보며 고개를 끄덕였다.

"왜 이렇게 소란스러워? 다들 자리에 앉아 봐."

담임 선생님 호통에 모두 자리에 앉았지만, 한껏 들뜬 분위기는 어쩔 수 없었다. 우리의 시선이 교실 앞문을 향해 있는 걸 눈치챘는지, 담임 선생님이 먼저 말씀하셨다.

"그래, 욘석들아! 너희들이 오매불망 기다리던 전학생이 왔어."

"와!"

우리는 선생님의 말씀이 채 끝나기도 전에 손뼉을 치며 환호성을 질렀다.

"잎새야, 들어와."

선생님이 드디어 전학생을 부르셨다. 긴 머리를 양쪽으로 갈라 묶고 원피스를 입은 전학생이 들어와 선생님 옆에 섰다. 가냘픈 몸매지만 눈빛이 또랑또랑했다. 짧은 커트 머리에 활동하기 편한 옷을 주로 입는 나와는 스타일이 완전히 달라 보였다.

"우리 반에 전학 온 이잎새야. 잎새가 자기소개 해 볼래?"

전학생은 원피스 자락을 꼭 쥐더니 떨리는 목소리로 말했다.

"안녕, 나는 이잎새라고 해. 잘 부탁해."

약속이라도 한 듯 다시 박수가 터져 나왔다. 잎새는 후식이 옆 빈자리에 가서 앉았다. 나는 잎새에게 궁금한 것이 많았지만, 쉬는 시간이 될 때까지 조금 참기로 했다. 오늘따라 수업 시간이 유난히 길게 느껴졌다.

쉬는 시간이 되자 잎새 주위로 아이들이 우르르 몰려들었다. 후식이가 가장 먼저 말을 걸었다.

"이름이 잎새라고 했지? 특이하다."

"응……. 순 한글 이름이야."

잎새가 살짝 웃으며 대답했다.

"어, 나도 그런데! 나는 연이음이야. 나도 순 한글 이름이야!"

순 한글 이름이라는 말을 듣고 반가워서, 나도 얼른 대화에 끼어들었다. 전학생과 공통점이 있어서 은근히 기분이 좋았다. 친구들은 미리 준비라도 한 것처럼 질문을 퍼부었고, 잎새는 친절하게 답해 주었다. 그러고는 너도나도 잎새에게 학교 곳곳을 소개해 주겠다고 나섰다.

다음 쉬는 시간에는 지혜와 친구들이 잎새를 데리고 도서관에 다녀왔다. 다들 즐거운 표정으로 책을 한 권씩 품에 안고 교실로 돌아왔다.

"얘들아, 도서관이 아니라 제일 중요한 것부터 알려 줘야지."

후식이가 교실 게시판에 붙어 있는 식단표 앞으로 잎새를 끌고 가며 말했다.

"우리 학교의 가장 좋은 점은 급식이 맛있다는 거야! 봐, 우리 학교의 엄청난 식단표를."

식단표 앞에 서 있는 후식이를 보고 의리가 물었다.

"후식아, 오늘 급식 뭐야?"

"목살 스테이크랑 핫도그!"

후식이는 식단표를 보지도 않고 오늘의 메인 메뉴를 읊었다.

"진짜 대단하다니까, 도후식! 이번 달 식단표를 통째로 외워 버린 거야?"

우리가 후식이와 의리의 대화를 들으며 웃는 사이, 잎새는 게시판 앞에 한참을 서서 식단표를 들여다보았다.

'우리 학교 식단표가 그렇게 인상적인가?'

드디어 기다리고 기다리던 급식 시간이 되었다.

맛있는 목살 스테이크 냄새가 급식실로 가는 길에 가득 퍼져 있었다. 급식실에 도착하자, 늘 그렇듯 영양 선생님이 반갑게 맞아 주셨다. 선생님께 인사를 하고 설레는 마음으로 배식을 받아 자리에 앉았다. 혹시나 도울 일이 없는지 잎새를 살피는 것도 잊지 않았다. 짝꿍인 후식이가 잘 안내해 줘서인지 잎새도 별 어려움 없이 배식을 받은 것 같았다. 점심을 먹으면서도 내 시선은 자연스레 후식이와 잎새 쪽으로 가 있었다.

'어?'

밥을 먹기 시작한 지 얼마 되지 않아서였다. 잎새가 제 식판을 후식이 쪽으로 내밀었다. 후식이는 신이 나서 잎새의 목살 스테이크와 핫도그를 통째로 가져갔다.

'잎새는 왜 맛있는 반찬을 후식이에게 몽땅 줘 버리는 거지?'

다음 날 급식 메뉴는 닭강정이었다.

닭강정은 우리 학교에서 가장 인기 있는 메뉴 중 하나이다. 늘 그렇듯 후식이가 아침부터 오늘의 메인 메뉴를 읊어 주는 바람에 아침부터 온 교실이 시끌시끌했다. 나도 온종일 급식 시간만 기다렸다. 닭강정 때문이기도 했지만, 오늘도 후식이가 잎새의 반찬을 빼앗

아 먹는지 지켜볼 생각이었다.

    4교시 체육 시간이 끝나고 급식 시간이 되었다. 열심히 달려서인지 배가 더 고팠다. 나는 허겁지겁 밥을 먹으면서도 잎새와 후식이를 힐끔힐끔 살폈다.

    '헐.'

    어제와 같은 장면이 눈앞에 펼쳐졌다. 후식이가 잎새의 닭강정을 모두 빼앗아 먹는 것이 아닌가. 오늘은 도저히 그냥 넘어갈 수 없었다. 당장 후식이에게 따져 물어야 할 것 같았다. 나는 서둘러 밥을 먹고 후식이가 나오기를 기다리며 급식실 앞에서 어슬렁거렸다. 그러다 급식실을 나서는 의리와 눈이 마주쳤다.

"여기서 뭐 해?"

"어, 누구 좀 기다려."

"누구?"

"몰라도 돼."

내 말만 듣고 그냥 물러설 조의리가 아니었다.

"뭔데? 아, 의리가 있지. 얼른 말해 봐."

의리는 대답을 듣지 않고는 꼼짝도 하지 않을 기세였다. 그래서 나는 후식이가 이틀 동안 잎새의 반찬을 빼앗아 먹은 이야기를 해 주었다.

"뭐라고? 진짜? 이틀 연속?"

"그래서 왜 뺏어 먹는지 물어보려고."

의리도 나와 함께 후식이를 기다리기로 했다. 우리는 후식이가 나오자마자 곧바로 불러 세웠다.

"야, 도후식!"

"어, 왜?"

언제나 정의감에 불타는 전교 부회장 의리가 나를 가로막더니 후식이에게 물었다.

"후식아, 너 잎새 반찬 왜 뺏어 먹었어?"

"안 뺏어 먹었는데?"

발뺌하는 후식이에게 내가 따져 물었다.

"내가 다 봤거든? 어제는 목살 스테이크, 오늘은 닭강정 뺏어 먹었잖아!"

내 말을 듣고 후식이 얼굴이 빨개졌다.

"뺏어 먹은 거 아니거든! 잎새가 줬거든!"

의리와 나는 놀라서 되물었다.

"잎새가 줬다고?"

"어. 나 먹으라고 주던데?"

나는 발끈해서 후식이를 다그쳤다.

"잎새가 맛있는 반찬만 골라서 너에게 줬다고?"

"진짜거든! 왜 사람을 의심하고 그래!"

후식이는 씩씩대다가 휙 돌아서서 교실로 가 버렸다. 후식이 말이 사실인 걸까. 후식이의 속상한 얼굴을 보니 잎새에게 물어보지도 않고 다짜고짜 다그친 게 조금 마음에 걸렸다. 나는 후식이와 잎새를 조금 더 지켜보기로 했다.

다음 날도, 그다음 날도 후식이는 잎새의 갈비찜을, 잡채를, 만두를, 불고기를 대신 먹었다. 후식이 말을 듣고 나서 보니 '빼앗아' 먹는 게 아니라 잎새가 알아서 반찬을 내어 주는 것 같았다. 이제 잎새에게 직접 물어보는 수밖에 없었다.

나는 잎새가 식판을 들고 퇴식구 쪽으로 가는 걸 보고 얼른 따라붙었다. 가장 먼저 눈에 들어온 것은 잎새의 식판이었다. 잎새의 식판은 설거지라도 한 듯 깨끗했다. 쑥 된장국과 찰보리밥, 오이생채, 배추김치를 담았던 자리가 흔적도 없이 비어 있었다.

'얘 도대체 뭐지? 나는 절반 정도 먹고 남긴 음식들인데…….'

나는 적잖이 놀랐지만 애써 티 내지 않고 물었다.

"와, 다 먹었네. 맛있게 먹었어?"

다짜고짜 후식이가 반찬을 빼앗아 먹느냐고 묻기는 좀 그랬다.

"응, 쑥 된장국 진짜 맛있어."

잎새가 말했다.

"나도 맛있게 먹었어."

사실 나는 쑥 된장국이 별로 맛있지 않았지만, 잎새에게서 대답을 끌어내려면 적당히 맞장구를 쳐 줘야 할 것 같았다.

"너 쑥 캐 봤어?"

진짜 궁금한 것을 물어보려는데, 잎새가 갑자기 주머니에서 무언가를 꺼내 입을 닦으며 물었다.

'쑥이 어떻게 생겼지?'

쑥을 모른다고 하면 대화가 끊어질까 봐 천연덕스레 대꾸했다.

"직접 캐 보지는 않았어."

"쑥색 진짜 예쁘지 않아? 이 손수건도 쑥으로 염색한 거야."

잎새가 주머니에서 꺼낸 것은 손수건이었다. 손수건은 은은한 초록빛이 돌았다. 손수건을 가지고 다니는 것도 신기한데, 쑥으로 염색을 했다니……. 알면 알수록 묘한 아이라는 생각이 들었다. 나는 은근슬쩍 말을 돌렸다.

"잎새야, 근데 후식이가 왜 네 반찬 뺏어 먹어?"

"뺏어 먹은 거 아니야. 내가 준 거야."

"진짜야? 후식이가 괴롭히는 거라면 나한테 말해."

"아니야. 괴롭히는 거 아니고 진짜 내가 준 거야."

잎새가 손사래를 쳤다. 내가 계속 미심쩍은 눈으로 바라보자, 잎새는 활짝 웃으며 말했다.

"나 고기 안 먹어."

뒤통수를 맞은 것 같았다. 생각해 보니 잎새가 그동안 후식이에게 준 반찬들은 죄다 고기였다.

"너, 그럼……."

내가 무슨 말을 하려는지 안다는 듯 잎새가 고개를 끄덕이며 말했다.

"맞아, 난 채식주의자야."

이음이의 생각거리

채식주의자는 급식 때 뭘 먹을까?

잎새가 채식주의자라고?

그럼 급식에서 맛있는 건 하나도 못 먹는 거 아닌가?

이번 주만 해도 목살 스테이크랑 핫도그, 닭강정, 갈비찜, 잡채, 만두까지

하나도 못 먹었잖아. 어디 보자, 내일도 돼지고기 탕수육은 안 먹겠네?

달걀말이는 먹나? 그러고 보니 급식 메뉴에 대부분 고기가 들어 있네.

다음 주 금요일에는 햄을 넣은 볶음밥이 나오는데,

볶음밥도 못 먹으려나…….

고기를 안 먹으면 대체 뭘 먹지? 채소만 먹고도 배가 부를까?

김?

나물?

김치?

2. 내 친구는 페스코

'내가 너무 어색하게 굴었나?'

집에 돌아와서도 계속 잎새 생각이 났다. 나와 다른 생각은 다른 것일 뿐 틀린 것은 아니라고 배웠는데, 잎새가 어쩐지 좀 낯설게 느껴졌다. 채식주의자를 실제로 만난 것은 처음이었다. 우리는 아직 쑥쑥 성장해야 할 시기인데, 고기를 먹지 않아도 괜찮은지 걱정도 되었다.

'우리 집은 거의 날마다 고기 반찬인데.'

내 생각이 전해졌는지 아빠가 나를 부르는 소리가 들렸다.

"이음아, 삼겹살 먹자!"

어쩐지 맛있는 냄새가 난다 했더니! 거실로 나가 보니 아빠가 고기를 굽고 있었다. 고기 굽기 대회가 있다면 우리 아빠가 1등을 차지하고도 남을 것이다. 아빠가 구운 '겉바속촉' 삼겹살이 영롱한 자태를 뽐내고 있었다.

"아, 맛있겠다!"

먹기 딱 좋게 구워진 고기를 입에 넣으려는 순간, 엄마가 싱싱한 상추를 내 손에 쥐어 줬다.

"이음아, 상추에 싸서 먹어 봐. 채소도 같이 먹어야 건강해지지."

채소라고 하니 또 잎새가 떠올라서 엄마한테 물었다.

"엄마, 사람이 고기를 안 먹고도 살 수 있어?"

"아빠는 고기 안 먹고 못 살아. 고기가 얼마나 맛있는데!"

아빠가 한입 가득 고기를 밀어 넣으며 엄마 대신 대답했다.

"뭐든지 골고루 먹어야지. 근데 그건 왜 물어?"

엄마도 상추쌈을 입에 넣으며 물었다.

"우리 반에 전학 온 애가 채식주의자래."

열심히 고기를 씹던 엄마 아빠가 갑자기 허둥거렸다.

"아, 정말? 그, 그럴 수도 있지. 엄마가 늘 말했잖아. 틀린 게 아

니고 다른 거라고. 멋진 친구네."

"그래, 이음아. 아빠는 고기가 참 좋은데, 이음이 친구는 다른 게 좋을 수도 있지."

엄마 아빠는 갑자기 말을 바꾸더니 어색하게 웃었다.

'나만 당황한 게 아니었구나.'

잎새가 채식주의자라는 사실은 아직 나밖에 모르는 것 같았다. 평소 같으면 이 소식을 반 애들에게 쏜살같이 전했을 텐데, 이번에는 그러면 안 될 것 같았다.

나 다음으로 알게 된 사람은 담임 선생님과 영양 선생님이었다. 학기 초에 한 사람씩 돌아가며 담임 선생님과 상담을 하는데, 아마도 그때 잎새가 담임 선생님께 말씀드린 것 같았다. 그 뒤에 영양 선생님도 잎새를 따로 부르신 걸 보면 담임 선생님이 영양 선생님께 잎새 이야기를 전하신 모양이었다.

그날부터 잎새는 고기 반찬을 아예 배식받지 않았다. 고기가 들어간 볶음밥이 나오면 따로 준비된 밥을 먹었고, 고기가 들어간 국도 받지 않았다. 자연스레 우리 반 모두가 잎새가 채식주의자인 것을 알게 되었다. 가장 아쉬워한 사람은 더는 좋아하는 반찬을 두 배로 먹을 수 없게 된 후식이었다.

"야, 연이음, 조의리!"

며칠 뒤 급식을 먹고 나오는데 후식이가 나와 의리를 붙잡았다.

"내가 아니라고 했지? 내가 아니라고 하는데도 너희는 내 말 안 믿더라? 어떻게 그럴 수 있어?"

후식이 말이 맞았다. 그러고 보니 후식이에게 제대로 사과를 하지 않았다. 아차 싶었다.

"진짜 미안해. 설마 잎새가 채식주의자일 줄은 꿈에도 몰랐어!"

"나도 의심해서 미안해. 사과할게."

후식이는 나와 의리의 사과를 받아 주었다. 그러고는 그동안 궁금했던 것들을 쏟아 냈다.

"그럼 잎새는 고기를 전혀 안 먹는 걸까?"

"채식주의자니까 당연히 안 먹겠지. 근데 채소만 먹어서는 영양분이 부족하지 않을까?"

의리가 걱정된다는 듯 말했다.

"왜 고기를 안 먹는 거지?"

나는 무엇보다도 잎새가 왜 채식을 하는지 궁금했다.

"근데 아까 보니까 달걀말이는 먹던데?"

후식이도 고기를 먹지 않는 잎새를 옆에서 유심히 지켜보고 있었나 보다.

"어, 그러고 보니 나도 본 것 같은데. 달걀은 괜찮은 건가?"

의리도 우리랑 같은 생각을 하고 있었다.

"무슨 이야기가 그렇게 재미있어?"

그때 영양 선생님이 우리 대화에 끼어들었다.

"아, 선생님. 별거 아니에요."

"사실 선생님이 우연히 너희 이야기를 들었는데 힌트 하나 주고 싶어서."

"힌트요?"

"응, 채식주의자라고 무조건 채소만 먹는 건 아니야. 선생님 힌트는 여기까지! 내일 너희 반 영양 수업 있는 날이지? 내일 수업 시간에 보자."

선생님은 아리송한 말을 남기고 다시 급식실로 들어가 밥 먹는 아이들을 둘러보셨다.

다음 날, 우리는 영양 선생님의 힌트에도 궁금증을 해결하지 못한 채로 영양 수업을 맞았다.

"화장실 다녀올 사람 얼른 다녀오고 자기 주변 좀 치우자."

담임 선생님은 그날따라 책상 위 물건도 가지런히 정리하고 교실 이곳저곳을 돌아다니며 안 하던 잔소리를 하느라 바쁘셨다. 날마다 급식실에 가기 전에 거울을 보며 머리 모양을 매만지시더니, 오늘 아침에도 마지막은 거울 앞이었다.

"왜 저러셔?"

후식이가 다가와 소곤거렸다.

"킥킥, 딱 보면 모르겠어?"

나는 거울 앞에 선 선생님을 눈짓하며 히죽거렸다.

"맞지? 우리 선생님이 영양 선생님 좋아하나 봐!"

우리가 선생님을 곁눈질하며 한참 수군거리고 있는데, 영양 선생님이 교실로 들어오셨다. 역시 우리 예상이 맞았는지 담임 선생님 귀가 빨갛게 달아올랐다.

"잘됐으면 좋겠다!"

우리는 누구랄 것도 없이 입을 모아 외쳤다.

"어허, 이 녀석들이, 그만! 영양 선생님 곤란하게 하지 말고 수업 열심히 들어!"

담임 선생님이 빨개진 얼굴로 서둘러 자리를 떴다.

영양 선생님은 소란한 분위기가 가라앉기를 기다렸다가 칠판에 무언가를 적었다.

'탄소 중립'

영양 선생님이 우리를 바라보며 물었다.

"탄소 중립이 뭔지 아나요?"

의리가 손을 들고 대답했다.

"지구 온난화랑 관련 있는 거죠? 석유나 석탄 같은 화석 연료를 태울 때 나오는 탄소가 온실 효과를 일으켜서 지구 온도가 올라간다고 배웠어요."

이어서 잎새가 입을 열었다.

"그래서 배출하는 탄소는 줄이고, 이미 배출된 탄소는 흡수해서 총 배출하는 탄소량과 흡수하는 탄소량이 같아지게 하는 것이 탄소 중립 아닌가요?"

둘의 설명을 듣고는 아이들이 모두 감탄했다.

"그래요, 맞아요. 의리와 잎새가 아주 잘 설명해 줬어요. 지구 온난화가 뭔지는 다들 잘 알고 있죠?"

"지구가 더워지는 거요!"

후식이가 큰 소리로 외치자, 선생님이 고개를 끄덕이셨다.

"맞아요. 지구 평균 기온이 올라가서 세계 곳곳에서 폭염이나 폭우 같은 이상 기후 현상이 일어나는 것 알고 있지요?"

"네! 빙하가 녹아서 북극곰도 살 곳이 없어진다고 했어요."

"잘 알고 있네요. 그래서 세계 여러 나라가 탄소 중립을 위해 노력하고 있어요. 우리나라도요."

선생님이 기후 변화와 탄소 중립에 관한 사진과 기사를 보여 주셨다. 모두 열심히 화면을 보고 있는데, 의리가 물었다.

"선생님, 지금은 영양 수업 시간인데 탄소 중립 이야기를 꺼내신 이유가 있나요?"

"의리가 아주 좋은 질문을 했어요. 여러분, 우리 학교 식단표에서 '저탄소 급식의 날'이라고 적힌 걸 본 적 있나요?"

후식이가 손을 번쩍 들었다.

"네! 저 알아요. 그날은 좀 맛없는 반찬 나오는 날 아니에요?"

후식이는 아차 싶었는지 얼른 자기가 좋아하는 반찬이 별로 없는 날이라고 고쳐 말했다.

"저탄소 급식의 날은 탄소 배출을 줄이기 위해 채식 위주로 급식을 구성한 날이에요. 햄버거에 들어가는 소고기 패티 한 장을 만들 때마다 열대 우림이 사라진다는 말 들어 본 적 있나요?"

"들어 본 적 있는데 그 이유는 잘 모르겠어요."

의리가 머리를 긁적이며 말했다.

"소나 양 같은 가축을 키우려면 목초지가 있어야 해요. 가축을 우리에 가두어 기를 때에도 옥수수 같은 사료 작물을 기를 땅이 필요하죠. 이런 땅은 어떻게 마련할까요?"

아무도 대답하지 못하자, 선생님이 다시 말씀하셨다.

"사람들이 고기를 많이 먹을수록 더 많은 가축을 키워야 하겠지요. 그 많은 가축을 다 키우려면 목초지와 사료 작물을 기를 땅도 더 많이 필요할 테고요. 그런데 지구 위의 땅은 한정적이다 보니, 사람들은 숲을 태워서 목초지와 사료 작물을 기를 땅을 만들어요."

"네? 숲을 태운다고요?"

우리가 화들짝 놀라서 묻자, 선생님이 대답을 이어 가셨다.

"그래요. 그렇게 소중한 숲이 사라지고 있어요. 그리고 소와 양 같은 동물들은 메탄가스를 만들어 내요. 이산화탄소보다 양은 훨씬 적지만, 같은 기간으로 비교하면 온난화에 미치는 영향은 이산화탄소의 80배가 넘어요."

후식이가 손을 번쩍 들고 물었다.

"소와 양이 어떻게 메탄가스를 만들어요?"

"소와 양처럼 되새김질하는 동물의 트림, 방귀, 배설물에서는 메탄가스가 나와요."

"으……."

더럽다는 반응을 보이는 애들도 있었고, 재밌다며 방귀 소리를 내는 애들도 있었다. 나는 충격을 받았다. 고기가 지구 온난화의 주범이라니…….

'그럼 지구를 위해 더는 고기를 먹으면 안 되는 건가.'

어쩐지 불편한 마음이 들었다. 그런 마음을 알아채기라도 한 듯 선생님이 말씀하셨다.

"소고기 대신 두부를 먹으면 이산화탄소가 11배 적게 나와요. 한 달에 한 끼만 채식해도 숲을 살리고 지구 온난화를 늦출 수 있어요. 또 비만율도 낮출 수 있고요. 우리 학교에서 한 달에 한 번 저탄소 급식을 하는 이유죠."

"선생님, 채식에도 여러 종류가 있다고 하셨잖아요. 어떤 종류가 있어요?"

의리가 영양 선생님과 나눈 대화를 잊지 않고 질문했다.

"아, 그렇지. 5학년 3반에는 매일 탄소 중립을 실천하는 친구가 있지요? 다음 시간에는 잎새가 친구들에게 채식에 대해 좀 알려 주면 어떨까요?"

잎새가 머뭇거리는 걸 보고, 내가 얼른 끼어들었다.

"선생님, 저도 잎새를 도와서 발표를 준비할게요."

"역시 이음이. 선생님도 기대할게요!"

수업이 끝나고 잎새와 도서관에 갔다. 미리 이야기한 것도 아닌데 의리도 자석처럼 이끌려 왔다.

"다들 도와줘서 고마워."

"그렇지 않아도 너한테 이것저것 물어보고 싶은 게 많았어."

내 말이 끝나자마자, 의리가 그동안 궁금했던 것들을 물어봤다.

"진짜 고기 안 먹어? 달걀말이는 먹던데, 그럼 생선은? 먹을 게 있어? 우유는? 우유도 소한테서 나오는 거 아니야?"

무슨 질문이 이리도 많은지 나는 의리를 말렸다.

"진정해! 잎새가 대답할 틈은 줘야지."

한바탕 웃음이 터져 나온 뒤, 잎새가 입을 열었다.

"나는 페스코 채식을 하고 있어. 생선, 달걀, 유제품은 먹어. 채식주의자라고 무조건 채소만 먹는 건 아니야."

"아, 그렇구나."

잎새가 설명을 이어 갔다.

"우리 부모님은 동물성 식품을 안 먹는 비건이라서 고기, 생선, 달걀, 유제품 다 안 드셔."

"와, 그러면 먹을 게 있나?"

"또 어떤 게 있어?"

나는 잎새의 말을 메모하며 물었다.

"고기랑 생선은 안 먹고 달걀이랑 유제품만 먹기도 하고, 달걀만 먹거나 유제품만 먹기도 하고 다양해. 이름은 나도 다 기억 못 하는데……."

잎새가 머뭇거리자, 의리가 휴대폰으로 채식의 종류를 검색해서 보여 주었다.

"찾았다! 종류가 정말 다양한데?"

채식에도 이렇게 많은 종류가 있다니 놀라웠다.

"그런데 잎새야, 너는 왜 채식주의자가 됐어?"

내가 묻자 잎새가 휴대폰을 꺼내 사진 몇 장을 보여 주었다. 첫 번째 사진에는 물에 잠겨 지붕만 겨우 보이는 마을 풍경이 담겨 있었다. 두 번째 사진은 산사태로 집을 덮친 흙더미 앞에 넋을 놓고 주저앉아 있는 할머니의 모습이었다.

"몇 년 전, 비가 엄청나게 왔을 때 신문에 실린 사진이야. 이분은 우리 할머니시고. 그때 할머니가 사시는 동네가 홍수로 물에 잠겼어. 할머니 댁은 산 중턱에 있어서 홍수는 피했는데, 산사태가 나서 집이 흙더미에 묻혀 버렸어. 강 가까이 살던 사람들은 미처 피하지 못하고 강물에 휩쓸려 목숨을 잃기도 했대."

"……."

우리 둘 다 충격을 받아 아무 말도 할 수 없었다. 한참 만에야 의리가 조심스레 입을 열었다.

"뉴스에서 본 것 같아. 소가 겨우 콧구멍만 물 밖으로 내놓은 채로 떠내려 가던 모습이 생각나."

잎새가 다시 말을 이었다.

"다른 사람도 아닌 우리 할머니가 이재민이 된 모습을 보니까, 기후 변화가 남 일이 아닌 것 같았어. 우리 부모님은 건강을 위해 오래전부터 채식을 하셨는데, 채식이 탄소 배출을 줄이는 방법이라는 것을 알고 나도 채식을 하기로 한 거야."

잎새의 말을 들으니, 이상하게만 여겨졌던 잎새의 행동들이 이

해가 되었다. 그리고 지구를 살리려고 날마다 작은 실천을 하는 잎새가 정말 멋져 보였다.

'나도 고기를 조금 덜 먹어야지.'

어서 다른 친구들에게도 채식이 왜 지구를 살리는 일인지 알려 주고 싶었다.

이음이의 생각거리

오늘 나는 지구를 위해 무엇을 했을까?

잎새는 매일매일 지구를 살리기 위해 노력하고 있다.

고기 안 먹기	휴지 대신 손수건 쓰기	양치 컵에 물 받아 쓰기	가까운 거리는 걸어가기

내가 아는 것만 해도 이 정도인데, 내가 모르는 노력도 많이 하고 있겠지?

그렇다면 나는 지구를 위해 어떤 노력을 하고 있을까?

오늘 하루를 돌이켜 보니, 나는 지구를 위해 아무런 노력도 하지 않은 것 같다.

우선 고기를 좀 덜 먹고, 양치 컵부터 써야겠다.

물을 아껴 쓰는 것도 지구를 위한 일이니까.

3. 우리들의 채식 수업

다시 영양 수업 시간이 됐다. 이날만을 기다렸는데 막상 발표하려니 조금 긴장이 됐다. 발표 내용 중 내가 맡은 부분을 연습하고 있는데, 영양 선생님이 교실로 들어오셨다. 우리 담임 선생님은 도대체 인사를 몇 번이나 하시는 건지…….

"여러분, 잘 지냈나요? 오늘은 채식에 대해 알아보기로 했는데, 어때요? 준비는 잘했나요?"

"네, 선생님!"

우리는 준비한 자료를 화면에 띄우고 발표를 시작했다. 먼저 의리가 조사한 내용을 발표했다.

"요즘 우리나라에서는 소를 풀밭에 놓아 기르는 곳을 거의 찾아볼 수 없습니다. 소를 한꺼번에 많이 길러야 해서 주로 축사에 가두어 기르기 때문입니다. '공장식 축산'이라는 말을 들어 봤나요? 소고기나 돼지고기 같은 축산물의 생산량을 높이기 위해 좁은 공간에서 한꺼번에 많은 가축을 사육하는 것을 말합니다. 공장에서 물건을 찍어 내는 것처럼 고기를 생산한다고 해서 붙여진 이름이지요."

의리도 긴장이 됐는지 헛기침을 한 번 내뱉고 말을 이었다.

"축사에서는 소가 풀을 뜯는 대신 어마어마한 양의 곡물을 먹습니다. 전 세계에서 생산되는 곡물의 37퍼센트가 가축 먹이로 쓰인다고 하는데요, 이것은 사람 20억 명이 먹을 수 있는 양이에요. 또 지난번 영양 수업에서 배웠듯이 가축이 먹는 곡물을 기르느라 탄소를 흡수하는 숲이 사라지고 있습니다. 게다가 소고기 1킬로그램을 생산하는 데는 물 1만 5,400리터가 필요하다고 하는데요, 이 양도 어마어마하죠? 채식하면 이 물도 절약할 수 있어요."

반 아이들을 둘러보니 꽤나 집중하고 있어서, 어쩐지 뿌듯한 마음이 들었다. 의리의 발표는 계속되었다.

"설렁탕이나 곰탕, 스테이크처럼 고기가 들어간 음식은 콩나물국보다 탄소를 50배에서 100배 넘게 배출한다고 해요. 고기를 덜 먹으면 탄소를 덜 배출할 수 있고, 숲도 지킬 수 있어요. 거기다 나무까지 심으면 탄소 흡수량도 늘어나겠죠!"

"우아!"

반 아이들이 박수를 쳤다. 전교 부회장 소견 발표할 때부터 알고 있었지만, 새삼 의리가 말을 참 잘한다는 생각이 들었다.

"저 당장 오늘부터 채식해야겠어요!"

"선생님, 저 오늘부터 소고기 안 먹을래요."

여기저기서 채식을 하겠다는 말이 터져 나왔다. 하지만 후식이처럼 얼굴이 어두워진 친구들도 적지 않았다. 내가 나설 차례였다.

"채식이라고 채소만 먹는 것은 아닙니다. 채식에는 여러 종류가 있어요. 주로 채식을 하지만, 때에 따라 고기

를 먹는 채식을 '플렉시테리언'이라고 합니다. 그리고 동물성 식품 중 닭고기 같은 가금류와 달걀, 유제품을 먹는 것은 '폴로' 채식입니다."

"가끔 고기를 먹어도 채식한다고 할 수 있구나!"

"우아! 치킨을 먹어도 채식을 하는 거라고?"

친구들이 신기해했다.

"모든 고기를 안 먹고 생선, 달걀, 유제품을 먹는 게 '페스코' 채식입니다. 고기와 생선을 안 먹고 달걀, 유제품을 먹으면 '락토 오보', 유제품을 먹으면 '락토', 달걀을 먹으면 '오보', 모든 동물성 식품을 안 먹는 채식을 '비건'이라고 합니다. 잎새는 페스코 채식을

해서 생선과 해산물, 치즈, 우유, 달걀말이는 먹는 거죠. 잎새 부모님은 비건이라고 하십니다."

내 말에 잎새가 고개를 끄덕였다.

"비건은 채소와 과일은 먹는데요, 이런 비건보다 더 나아가서 버섯과 채소도 먹지 않고 과일만 먹는 '프루테리언'도 있습니다."

"하지만 어떻게 고기를 안 먹고 살아? 고기가 얼마나 맛있는데……. 햄버거를 못 먹는 건 상상도 안 돼. 선생님, 채식하면 영양분이 부족하지 않아요?"

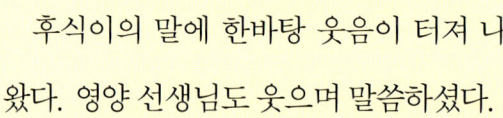

후식이의 말에 한바탕 웃음이 터져 나왔다. 영양 선생님도 웃으며 말씀하셨다.

"후식아, 잎새 발표를 들으면 어느 정도 궁금증이 해결될 것 같은데."

잎새는 발표를 시작하기에 앞서 후식이의 질문에 답했다.

"고기를 먹지 않는다고 하면 건강과 영양 불균형을 걱정하는 사람들이 꼭 있어. 하지만 걱정하지 않아도 돼. 우리 부모님도 정말로 건강하셔."

"그럼 이제부터는 채식으로 섭취할 수 있는 영양분에 대한 잎새의 발표를 들어 볼까요?"

잎새가 발표를 시작했다.

"우리는 주로 고기를 통해 단백질을 섭취한다고 생각해요. 그래서 채식을 하면 단

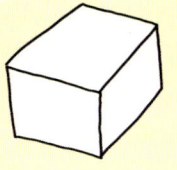

백질이 부족해지는 걸 가장 많이 걱정하지요. 하지만 단백질은 고기에만 들어 있지 않아요. 채소, 곡물, 견과류, 과일에 두루 들어 있지요. 현미밥과 여러 가지 콩, 두부, 아몬드 같은 견과류, 브로콜리나 시금치 같은 채소를 먹으면 하루에 필요한 단백질을 모두 얻을 수 있어요. 그 밖에 칼슘과 비타민 B12, 지방 같은 것이 부족하기 쉬운데, 이 영양분 모두 고기를 먹지 않아도 섭취할 수 있어요. 고구마 줄기에는 우유와 비슷한 양의 칼슘이 들어 있어요. 브로콜리나 시금치 같은 녹색 채소, 두부, 아몬드 같은 견과류에도 단백질뿐만 아니라 칼슘이 들어 있지요. 비타민 B12는 김이나 김치만 먹어도 충분히 채울 수 있어요. 건강한 지방은 호두 같은 견과류나 올리브기름, 옥수수기름을 통해 섭취할 수 있고요."

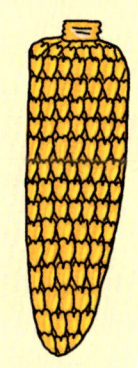

"고구마 줄기가 뭐야? 김에 비타민이 많아?"

데니스가 서툰 한국말로 물었다. 우즈베키스탄에서 온 데니스는 음식이 입에 맞지 않는지 맨밥에 김을 싸 먹거나 급식을 많이 남겼다. 고구마 줄기를 궁

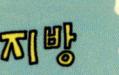

금해하는 데니스를 보며, 나도 문득 고구마 줄기로 만들 수 있는 음식이 궁금해졌다.

이번에는 지혜가 이맛살을 찌푸리며 말했다.

"선생님, 건강해지려면 이것을 먹어야 한다, 저것을 먹어야 한다는 말이 많잖아요. 그런데 같은 음식을 두고도 하는 말이 다 달라서 머리가 복잡해요."

"신선한 채소와 곡물을 기본으로 하고, 여기에 고기, 생선, 달걀, 콩, 유제품을 필요한 만큼 먹으면 우리 몸에 필요한 영양소를 고루 얻을 수 있어요. 특정 영양소만 지나치게 먹으면 문제가 되지요. 채식을 한다고 매일 감자튀김과 달콤한 과일만 먹는다면 건강은 나빠질 수밖에 없겠지요?"

영양 선생님의 설명에도 아이들이 웅성거리는 소리는 잦아들지 않았다. 다들 궁금한 게 많은 모양이었다.

"자, 집중! 비건에 가까워질수록 먹을 수 있는 음식의 종류가 줄어들긴 해요. 그래서 우리 학교에서는 안정적으로 영양분을 공급하고, 다양한 식단을 제공하기 위해 저탄소 급식의 날에는 '페스코' 채식을 기준으로 식단을 짜고 있어요. 아까 의리가 발표한 것처럼 채식을 하면 탄소 배출을 줄일 수 있어요. 한 사람이 1년 동안 일주일에 한 끼씩 채식하면 소나무 열다섯 그루를 심는 것과 같은 탄소 저감 효과가 있다고 해요. 그뿐 아니라 물도 아끼고, 숲도 살리고, 건강도 지킬 수 있지요. 이제 저탄소 급식의 날이 있는 이유를 알았죠?"

"네!"

우리는 입을 모아 외쳤다.

지구 온난화나 기후 위기는 우리 힘으로는 어떻게 할 수 없는 일이라고 생각했는데 채식만으로도 탄소 중립을 실천할 수 있다니! 저탄소 급식의 날뿐만 아니라, 평소에도 조금씩 채식을 해 보고 싶다는 생각이 들었다. 플렉시테리언부터라도!

이음이의 생각거리

나도 채식을 할 수 있을까?

👉 채식의 종류를 다시 살펴보자

플렉시테리언: 주로 채식을 하나 때에 따라 육식을 한다.

폴로: 붉은 살코기와 해산물을 먹지 않는다.

페스코: 모든 동물을 먹지 않지만 해산물, 달걀, 유제품은 먹는다.

락토 오보: 채식을 하나 달걀과 유제품은 먹는다.

락토: 달걀도 먹지 않으나 유제품까지는 먹는다.

오보: 유제품은 먹지 않으나 달걀은 먹는다.

비건: 동물을 착취해서 얻은 식품을 먹지 않고,
  가죽이나 털 같은 동물성 재료도 소비하지 않는다.

프루테리언: 식물의 생존을 방해하지 않는 과일만 먹는다.

오늘부터 플렉시테리언이 되어 봐야지! 저탄소 급식의 날에는 점심에 고기를 안 먹으니까 그날은 아침, 저녁에도 고기를 먹지 않을 거야. 만약 채식의 종류를 늘려 간다면 급식에서 뭘 먹을 수 있고, 뭘 먹으면 안 되는 거지? 식단표를 보면서 한번 생각해 봐야겠다.

👆 다음 주 학교 급식 식단표에서 페스코 채식을 하는 잎새가 먹을 수 있는 음식을 모두 표시해 보자!

〈급식 식단표〉

월요일	화요일	수요일	목요일	금요일
곡물 친환경 차조밥	**곡물** 친환경 현미밥	**곡물, 채소, 달걀** 비빔밥	**곡물** 친환경 보리밥	**곡물, 고기** 소고기 주먹밥
채소 감자 호박 된장국	**고기** 소고기 미역국	**채소** 시래기 된장국	**해산물, 채소** 참치 김치찌개	**해산물, 채소** 잔치국수
고기 고추장 돼지 불고기	**고기** 돼지 갈비찜	**해조류** 김가루 볶음	**유제품** 양송이 수프	**채소** 볶음김치
고기, 채소 베이컨 감자채	**해산물** 홍진미채 볶음	**채소** 버섯 탕수육	**고기** 돈가스	**고기** 소떡소떡
해산물 아몬드 멸치 볶음	**해산물, 채소** 새우살 호박 나물	**해산물** 왕새우 튀김	**채소** 콩나물 무침	**채소** 유채나물 무침
채소 쌈배추 겉절이	**간식** 사과 젤리	**해산물** 낙지볶음	**유제품** 요거트	**과일** 포도
과일 딸기		**유제품** 요구르트		

4. 푸른 지구를 위해 나부터 당장

　수업이 끝나고 나와 잎새, 의리는 발표를 성공적으로 마친 것을 자축하려고 학교 앞 편의점에 모였다. 학교가 끝나면 언제나 편의점에 들르는 후식이도 우리와 함께했다.

　"와, 잎새 너 대단하더라! 어쩌면 그렇게 영양분에 대해서 술술 말이 나오냐? 나는 먹는 데 정신이 팔려서 그런 것은 생각할 틈도 없는데."

　후식이가 엄지를 척 들어 올리며 말했다.

　"맞아, 잎새야. 진짜 멋졌어."

　"고마워. 너희들이 도와줘서 자신 있게 말할 수 있었어."

잎새는 쑥스러운지 수줍게 웃으며 대답했다.

"이제 발표 끝났으니까 끝인가? 이대로 끝내기엔 아쉽지 않아?"

내 말에 의리가 대답했다.

"나도 발표를 준비하면서 뭔가 해야겠다는 생각이 들었어."

"그럼, 우리 같이 탄소 중립을 위해서 뭔가 해 볼까?"

잎새가 솔깃한 제안을 했다.

"좋아! 지금 당장 뭔가 해 보자."

의리의 말을 들으니 갑자기 머릿속에 좋은 생각이 떠올랐다.

"대박! 나 방금 우리 모임 이름 생각났어. 푸나당, 어때?"

"뭐? 푸딩도 아니고, 푸나당이 뭐야?"

역시 후식이의 세계는 먹을 것 위주로 돌아간다.

"푸른 지구를 위해 나부터 당장! 뭐라도 해 보자는 거지. 어때?"

"우와, 좋은 생각이야!"

"후식아, 너도 할 거지?"

다른 아이들과 달리 후식이의 표정이 별로인 게 마음에 걸렸다.

"나는 안 할래! 고기는 절대로 포기할 수 없어."

뜻밖의 반응이었다.

"후식아, 지금 당장 채식을 하라는 건 아니야. 채식 말고도 지구를 위한 일들은 많이 있을걸? 우리랑 같이 찾아 보자. 솔직히 말하면 너…… 햄버거랑 갈비, 소시지 같은 고기만 많이 먹더니, 4학년 때보다 살이 더 찐 것 같아. 네 건강을 위해서도, 지구를 위해서도 뭔가 해 보면 좋지 않을까?"

외모 지적을 하자니 좀 미안한 생각이 들었다. 하지만 늘 유쾌하고 솔직한 후식이와 꼭 함께하고 싶었다. 후식이는 한참을 망설이더니 입을 뗐다.

"음…… 사실이라 할 말이 없네. 그럼 나도 같이 할게."

우리는 후식이의 말에 손뼉을 치며 환호했다.

"좋아! 지금부터 우리는 '푸나당' 대원으로서 활동하는 거야! 첫 번째 모임은 다음 주 수요일 학교 끝나고 교실에서 하자. 우리의 첫 번째 프로젝트를 뭐로 할지 다들 생각해 올 것!"

의리가 깔끔하게 잘 정리해 주었다. 기대감에 가슴이 뛰었다. 쿵쾅쿵쾅 심장 소리가 들리는 것 같았다.

드디어 모임 날이 되었다. 점심시간이 끝나고 잎새가 교실로 들어오자, 기다렸다는 듯이 후식이가 말을 건넸다. 마침 모임 날이 저탄소 급식의 날이었기 때문이다.

"잎새야, 잎새야! 급식 어땠어? 맛있었지?"

"응, 나는 한 달에 한 번 있는 저탄소 급식의 날이 제일 좋아."

잎새가 활짝 웃었다. 후식이는 잎새 말이 끝나기도 전에 자기 이야기를 늘어놓았다.

"있잖아, 나는 오늘 급식이 버섯 탕수라고 해서 안 먹으려고 했는데, 잎새 네가 맛있게 먹는 걸 보고 꾹 참고 맛을 봤거든? 그런데 웬걸? 튀김옷은 바삭하고, 버섯은 쫄깃하고, 소스는 새콤달콤한 게 내 입맛에 딱 맞았어. 비빔밥은 말할 것도 없지. 이렇게 맛있는 채식이라면 매일매일 먹을 수 있을 것 같아."

"대박! 후식이 네가 매일 채식을 하겠다고?"

"역시 도후식!"

나와 함께 호들갑을 떨던 의리가 좋은 생각이 떠올랐는지 눈을 반짝이며 손뼉을 딱 쳤다.

"후식이가 맛있다고 할 정도면 다른 친구들도 오늘 급식을 좋아하지 않을까? 잎새처럼 채식을 하거나 환경 운동을 실천하고 싶은 친구들을 위해서 저탄소 급식의 날을 더 늘려 달라고 하는 거 어때? 영양 선생님한테 건의해 보자."

잎새가 활짝 웃으며 말했다.

"와, 진짜 좋다!"

"정말 좋은 생각이야!"

한껏 신이 난 의리가 덧붙여 말했다.

"어떤 학교에서는 학생들이 원하면 채식을 선택할 수도 있대. 일주일에 한 번 채식 급식을 하는 학교도 있고."

"조의리! 언제 이런 걸 다 알아봤대?"

의리는 어깨를 으쓱해 보였다.

"영양 수업 발표 준비하면서 채식에 대해서 검색을 좀 했지. 내가 이렇게 열심히 조사하는 건 처음 봤다며 엄마가 이것저것 도와주셨어. 수업을 듣고 우리 가족도 채식을 해 보면 어떻겠냐고 말씀드렸더니 좋아하시던걸. 이건 잎새를 위한 일이기도 하지만, 우리 모두를 위해서도 꼭 필요한 일인 것 같아."

의리의 말에 잎새가 살짝 걱정스러운 얼굴로 말했다.

"나처럼 채식하는 사람에게는 좋은 일이지만, 다른 친구들이 좋아할까? 이전 학교에서도 많은 아이들이 저탄소 급식의 날을 별로 안 좋아했어."

잎새의 말도 일리가 있었다. 잠깐 고민하다가 나도 아이디어를 보탰다.

"그럼 맛있게 먹을 수 있는 메뉴도 개발해 달라고 건의하자."

만장일치로 우리의 첫 번째 프로젝트는 '저탄소 급식 늘리기'로 정해졌다.

막상 프로젝트를 정하고 나니 앞으로 뭘 어떻게 해야 할지 머릿속이 조금 복잡해졌다.

"저탄소 급식의 날을 몇 번으로 늘려 달라고 하지? 의리가 조사한 것처럼 일주일에 한 번씩 한다면 좋겠지만, 후식이처럼 고기를 좋아하는 애들은 싫어할지도 몰라."

내 말에 잎새가 대답했다.

"음, 지금은 한 달에 한 번이니까 한 달에 두 번으로 늘려 달라고 해 보면 어떨까? 근데 우리 생각을 어떻게 전하지?"

잠시 뜸을 들이던 의리가 말했다.

"급식실 앞에 급식 건의함이 있잖아. 거기에 편지를 적어서 넣어 보자."

나는 매일 가는 곳인데도 건의함이 있는 줄 몰랐는데, 그런 것까지 꼼꼼히 살피다니 역시 의리답다고 생각했다.

나는 한 가지 더 걱정되는 부분을 말했다.

"근데 영양 선생님께서 그러셨잖아. 저탄소 급식의 날에는 잔반이 더 많이 나와서 고민이라고."

"맞아! 나처럼 채소 반찬에 젓가락도 안 대는 애들이 많잖아."

후식이가 멋쩍은 듯이 말했다.

좋아하지만 몸에 좋지 않은 음식, 싫어하지만 몸에 좋은 음식에 대해 올바르게 선택을 할 수 있게 도와주고 싶다고 하셨던 영양 선생님의 말씀이 떠올랐다. 우리만 고민하는 게 아니라 영양 선생님도 우리를 위해 노력하고 계시다는 생각이 들었다.

잎새도 조심스럽게 이야기를 꺼냈다.

"나도 건의할 것이 있어. 점심시간에 먹을 수 있는 음식이 하나도 없을 때도 있어서, 샐러드나 채식 반찬을 먹을 수 있는 자율 배식대가 있으면 좋겠어."

"좋은 생각이야! 이제 우리 의견을 편지로 적어 보자."

영양 선생님께.

선생님, 안녕하세요?
언제나 좋은 식단으로 우리의 건강을 지켜 주시고,
바른 식습관을 기르도록 도와주셔서 고맙습니다.
저희는 '푸른 지구를 위해 나부터 당장' 작은 일부터 시작해 보려고
모인 학생들, '푸나당'입니다.
영양 선생님 수업을 듣고 느낀 점이 많았어요.
그래서 몇 가지 건의할 것이 있습니다.

첫째, 지구 환경과 학생들의 건강을 위해서 저탄소 급식의 날을
한 달에 두 번으로 늘려 주세요.

둘째, 채소를 싫어하는 학생들도 맛있게 먹을 수 있는 식단을 개발해
주세요. 채소 반찬을 싫어하는 학생들도 영양분을 골고루 섭취할 수
있고, 잔반도 줄어들 거예요.

셋째, 채식을 실천하는 학생들이 언제든지 마음 놓고 먹을 수 있도록
채식 반찬 자율 배식대를 만들어 주세요.

우리가 건의한 내용으로 지구 환경이 바로 바뀌지는 않겠지만 꾸준히
실천한다면 반드시 지금보다 나아질 거라고 분명히 믿어요!

5-3 푸나당 올림

머리를 맞대고 정성껏 손으로 쓴 편지를 건의함에 넣은 지 며칠이 지났다. 언제 답이 올지 목이 빠지게 기다리고 있었는데, 드디어 영양 선생님이 우리를 찾으셨다.

"너희들이 건의함에 넣은 편지 잘 봤어. 영양 수업 시간에 발표도 잘하더니, 이런 건의까지 하다니 정말 기특한데."

영양 선생님의 칭찬에 어쩐지 일이 잘 풀릴 것 같다는 기대감이 들었다. 그런데 선생님이 조심스럽게 덧붙이셨다.

"그런데 이건 나 혼자만 결정할 수 있는 것이 아니란다. 교장 선생님과 다른 선생님들과도 이야기를 나눠 봐야 하고, 다른 학생들의 의견도 들어 봐야 하겠지?"

쉽지 않을 줄은 알았지만, 선생님 말씀을 들으니 실망감이 밀려왔다. 그렇다고 그냥 기다리고 있을 수는 없었다. 우리의 첫 번째 프로젝트가 이대로 무너지는 것을 보고만 있을 수 없었는지 의리가 의견을 냈다.

"전교 학생회 회의 시간에 의견을 내 보면 어때?"

좋은 생각인 것 같아 나도 의견을 보탰다.

"그래! 그리고 학교 친구들에게도 채식의 좋은 점을 알려 보는 거야. 같이 캠페인 활동을 해 보자. 그러면 다른 학생들과 교장 선생님도 우리의 마음을 알아주시지 않을까?"

우리는 학생들과 선생님들에게 알릴 내용을 생각해 오기로 하고, 다음 모임을 계획했다.

다음 모임 날, 우리는 각자 생각해 온 내용으로 정성껏 피켓을 만들었다. 의리가 가장 먼저 완성한 피켓을 들어 보였다.

"얘들아, 어때? 지구와 나를 위한 채식! 탄소 발자국 줄이기에 참여해 주세요."

"오, 멋진데?"

나도 완성한 피켓을 들어 보였다.

"1년 동안 일주일에 한 끼만 채식을 해도 소나무 15그루를 심는 것과 같다."

"우아, 진짜 좋다!"

"우리 학교 학생 수를 생각해 봤을 때 1년이면 수백 그루를 심는 효과네."

후식이와 잎새가 감탄했다.

우리는 정성을 다해 만든 포스터를 학교 중앙 현관, 급식실, 복도에 붙였고, 등하교 시간을 이용해서 일주일 동안 교문 앞에 피켓을 들고 서 있기로 했다. 교문을 지나는 선생님과 학생들의 눈길을 한 몸에 받는 게 쑥스럽기는 했지만, 제2의 그레타 툰베리가 된 것 같아 뿌듯하기도 했다.

우리가 노력하는 모습을 보고 영양 선생님이

부러 우리를 찾아와 응원해 주셨다.

"얘들아, 너희 정말 멋지다!"

선생님의 칭찬에 나는 한껏 들떠 재잘거렸다.

"선생님 덕분이에요! 선생님 말씀을 듣고 포스터랑 피켓을 만들어서 홍보할 생각을 했어요."

"너희들 덕분인지 급식 건의함에 의견이 많이 들어오고 있어. 그런데 저탄소 급식의 날을 늘리는 것도 좋지만, 급식으로 나오는 음식의 탄소 발자국을 조사해 보면 어때? 너희가 직접 먹고 싶은 채식 메뉴도 조사해 보면 푸나당 활동에 큰 도움이 될 거야."

그러고 보니 차려진 음식을 먹기만 했지 음식 재료가 어떤 과정을 거쳐 만들어지고 어디서 오는지는 생각해 본 적이 없었다.

"로컬 푸드! 여기에 힌트가 있어. 정답은 직접 찾아 보도록 해!"

영양 선생님은 힌트를 한 글자씩 또박또박 말씀하셨다.

'로컬 푸드?'

푸나당의 다음 프로젝트가 정해졌다.

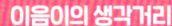

점심시간에 탄소 배출을 줄여 보자!

저탄소 급식의 날을 늘리는 것 말고 탄소 배출을 줄일 방법은 없을까? 음식을 만드는 데에도 많은 자원이 들어간다. 그러니까 먹을 만큼만 받아서 먹는 습관을 들여 봐야지. 급식을 남김없이 먹는 '잔반 없는 날'도 좋겠다. 잎새처럼 손수건을 들고 다니는 건 어떨까? 그러면 일회용 핸드타월이나 티슈 사용을 줄일 수 있을 텐데. 손수건 한 장이 주는 가벼움을 느껴 보자!

5. 로컬 푸드 매장에서 생긴 일

영양 선생님이 힌트로 주신 로컬 푸드를 검색하다가 우리 학교에서 그리 멀지 않은 곳에 있는 매장을 발견했다. 우리는 당장 로컬 푸드 매장을 찾아가 보기로 했다. 우리 집에서는 버스로 다섯 정거장 떨어진 곳에 있었다. 버스를 타고 가면서 '로컬 푸드' 검색

로컬 푸드

장거리 운송을 거치지 않은 지역 농산물. 흔히 반경 50킬로미터 이내에서 생산된 농산물을 지칭함.

결과를 다시 읽어 보았다.

생산자와 소비자 사이의 이동 거리가 줄면 생산자인 농민은 수익이 높아지고, 소비자는 신선한 지역 농산물을 이용할 수 있다고 한다. 일리가 있었다. 농산물이 먼 거리를 이동하면 탄소 배출량과 운송 비용이 늘어나고, 신선도는 떨어질 테니까.

버스에서 내리자 의리와 후식이가 나를 반겨 주었다.

"오, 역시 이음이. 시간 딱 맞춰 왔네."

후식이는 나를 보자마자 버스 카드를 들어 보이며 자랑했다.

"짜잔! 나 오늘 버스 카드 처음 써 봤다!"

의리와 나는 놀라서 동시에 물었다.

"정말?"

"보통은 부모님이 차를 태워 주시니까 버스를 탈 일이 없거든. 근데 우리가 아까 탄 버스 완전 우주선 같았어, 그치?"

후식이가 호들갑을 떨었다.

"맞아, 수소 버스라던데 진짜 조용하고 깨끗하더라고. 화석 연료를 쓰지 않으니까 환경에도 좋은 거 아냐?"

"그렇네!"

그때 저 멀리서 허겁지겁 뛰어오는 잎새가 보였다.

"헉헉! 늦어서 미안. 생각보다 머네."

잎새의 이마에는 땀이 송골송골 맺혀 있었다.

"설마…… 여기까지 걸어온 거야? 얼마나 걸렸어?"

당연히 버스를 타고 올 거라고 생각했는데, 걸어올 생각을 하다니…….

"헤헤, 얼마 안 걸렸어. 30분 정도? 건강에도 좋고 용돈도 아낄 수 있잖아. 그래서 걸어 왔어."

"잎새야, 손에 든 건 혹시?"

후식이가 잎새 손에 들린 물건을 가리키며 물었다.

"장바구니야. 장 보러 갈 때마다 들고 다녀. 우리 엄마가 그러는데, 핀란드 사람들은 비닐봉지를 1년에 네 장밖에 안 쓴대. 우리나라 사람들은 420장이나 쓰는데 말이야."

"와, 그렇게 많이 쓴다고?"

잎새가 새삼 대단해 보였다.

"여기, 너희들 것도 있어. 엄마가 친구들도 필요할 거라며 챙겨 주셨어."

"와, 고마워! 다음에 만나면 고맙다고 말씀드려야겠다."

우리는 장바구니를 하나씩 펼쳐 들고 로컬 푸드 매장 안으로 들어섰다.

"킁킁, 이게 무슨 냄새지?"

매장에 들어서자 갓 구운 빵 냄새가 우리를 맞아 주었다. 빵이 놓인 매대로 다가가니 우리 밀로 만든 빵이라고 크게 써 붙여져 있었다.

"우리 빵 하나씩 사 먹을까?"

참새가 방앗간을 그냥 지나칠 리가 없다. 후식이가 빵에서 눈을 떼지 못한 채 말했다.

"그래, 그러자! 여기 비건 빵이라고 적힌 것도 있네."

우리는 누가 먼저랄 것도 없이 비건 빵을 집어 들었다.

"빵에 호두가 들어 있어서 고소해!"

버터와 달걀을 쓰지 않았다는 비건 빵은 맛이 없을 거라고 생각했는데 아니었다.

"토마토, 치즈, 양상추가 들어간 통밀 샌드위치도 완전 신선해."

잎새도 만족스러운 눈치였다.

우리는 기분 좋게 배부른 채로 로컬 푸드 매장 여기저기를 둘러보았다. 채소, 과일, 생선, 요구르트 같은 물건들이 여느 마트처럼 진열되어 있었다. 대형 마트보다 포장이나 디자인이 조금 투박했지만, 그래서 더 건강하게 보이기도 했다. 나는 물건을 찬찬히 들여다보다가 신기한 걸 발견하고 아이들을 불러 모았다.

"애들아, 물건마다 생산자 이름과 생산지가 적혀 있어."

"맞네. 이 물건은 청명시 햇살면의 김강산 씨가 만들었대."

후식이가 물건에 적힌 생산자 이름을 읽으며 말했다.

"무농약, 유기농, 저탄소 이런 마크도 있어. 농약을 쓰지 않고 키웠다면 안심하고 먹을 수 있고, 환경에도 도움이 되겠다."

의리도 자기가 발견한 것들을 보여 주며 말했다. 탄소 발자국에

대해 알아보려고 로컬 푸드 매장에 왔지만, 내가 사는 지역의 먹거리를 구경하는 일은 생각보다 즐거웠다.

"얘들아, 저기 좀 봐!"

어떤 아저씨가 물건 진열대에 딸기를 올려놓고 계셨다. 우리는 한달음에 달려가 다짜고짜 인터뷰를 요청했다. 우리가 여기 온 이유를 말씀드리니, 아저씨도 반색을 하셨다.

"그래, 로컬 푸드 매장에 공부하러 왔단 말이지? 허허허, 기특하네. 이 아저씨는 농약과 화학 비료, 제초제 없이 10년째 딸기 농사를 짓고 있단다."

의리가 딸기 한 팩을 집어 들고 아저씨에게 물었다.

"혹시 여기에 적힌 이름이?"

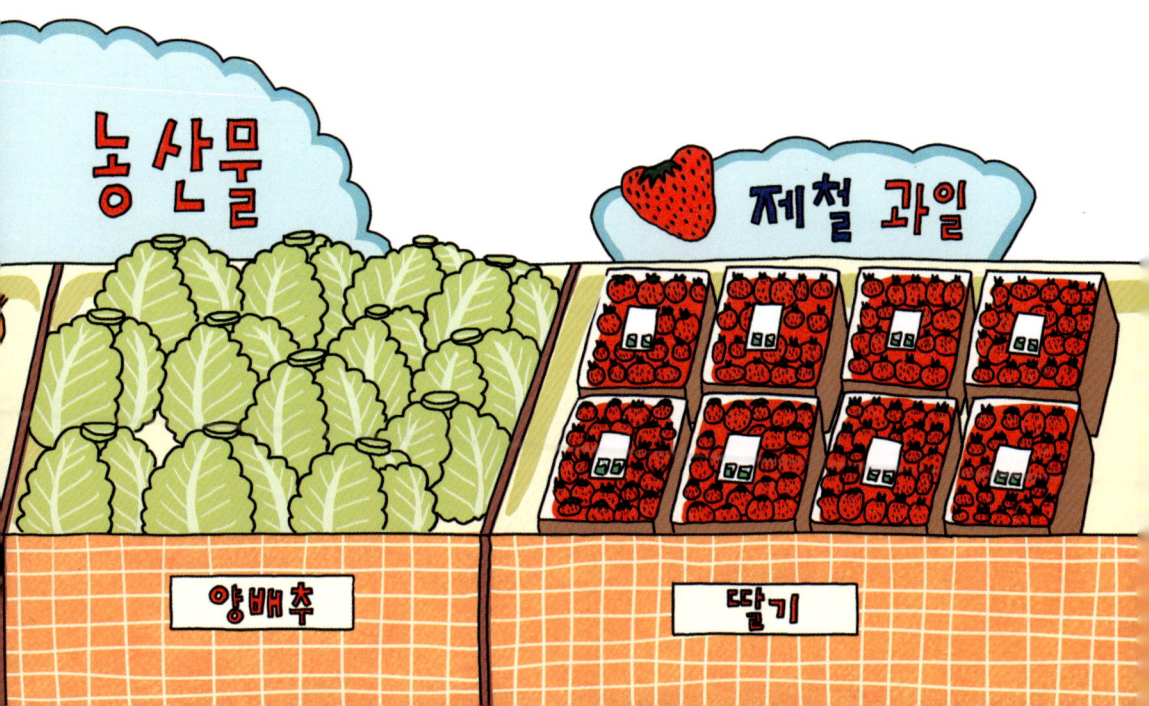

"응, 바로 나야. 이렇게 누가 어디에서 생산했는지 알면 소비자들도 좀 더 안심하고 먹을 수 있겠지."

"우아, 멋져요!"

로컬 푸드 매장에서 딸기 농부와 직접 이야기하다니 일이 술술 풀리는 것만 같았다.

"그런데 아저씨, 마트에 가면 다 크고 예쁜 딸기만 있던데 아저씨 딸기는 크기도 제각각이고 울퉁불퉁 못생겼네요."

후식이가 솔직하지만 껄끄러운 질문을 했다. 그런데 아저씨가 생각지도 못했던 이야기를 꺼내셨다.

"기후 변화 때문이란다."

"네? 딸기가 못생긴 것도 기후 변화 때문이에요?"

내가 너무 놀라 되묻자, 아저씨는 친절하게 설명해 주셨다.

"우리 농부들은 기후 변화로 인한 온갖 자연재해를 오롯이 겪고 있단다. 지난 여름에 비가 정말 많이 왔잖니. 딸기는 여름에 모종을 키우는데, 비가 자주 내려서 햇빛을 많이 받지 못하고 물이 제대로 빠지지 않아서 병충해가 잦았단다. 게다가 모종이 뿌리를 내리는 10월에는 평소보다 많이 더웠고, 그 바람에 수확량이 많이 줄고, 모양도 좀 미워졌지. 그래도 맛은 끝내준단다."

그간의 사정을 들려주는 아저씨 어깨가 축 처져 있었다.

"진짜 힘드셨겠어요."

후식이는 눈물까지 글썽였다.

"저 이제부터 못생긴 과일도 잘 먹을래요."

"그래 주면 고맙지. 맛이나 영양분은 생김새와 그다지 관계가 없는데, 사람들이 겉모습만 보고 사지 않아서 버려지는 경우가 많아. 아저씨가 가장 안타깝게 생각하는 일이지. 못생긴 과일도 잘 먹어 주겠다니 힘이 나는구나."

"아저씨, 맛있는 딸기를 오래오래 먹을 수 있게 계속 딸기 농사를 지어 주세요. 저희는 기후 변화를 막도록 노력해 볼게요."

우리는 한목소리로 외쳤다. 아저씨는 우리와 이야기하게 되어 반가웠다며 딸기를 맛보라고 한 팩을 선물로 주셨다. 아저씨가 힘들게 키운 딸기라고 생각하니 왠지 더 소중하게 느껴졌다. 우리가 지구를 위해서 할 수 있는 일이 생각보다 더 많다는 것도 알게 되었다.

다음 날, 우리는 로컬 푸드 매장에 다녀온 이야기를 들려드리고 싶어 급식실 앞에서 영양 선생님을 기다렸다. 의리는 로컬 푸드 매장에서 산 두부 면으로 엄마가 맛있는 요리를 해 주셨다며 사진을 보여 주었다.

"엄마가 두부 면에 아보카도랑 여러 가지 채소를 넣어서 국수 요리를 해 주셨는데 완전 맛있었어."

"아보카도는 우리나라에서 나는 게 아니지? 맛은 어때? 나는 한 번도 안 먹어 봐서."

잎새가 물었다.

"그래도 고기는 아니니까 환경에는 덜 나쁘지 않을까?"

"아보카도? 없어서 못 먹지! 연어 덮밥에 들어 있는 것도 맛있고, 아보카도로 만든 소스에 나초를 찍어 먹으면 엄청 맛있어!"

후식이가 잔뜩 신이 난 얼굴로 아보카도가 얼마나 맛있는지 이야기했다.

그때 영양 선생님이 우리에게 다가오셨다.

"선생님, 아보카도 드셔 보셨어요?

잎새가 선생님께 물었다.

"응, 먹어 봤지. 버터같이 부드럽고 고소해서 요리에 많이 쓰여. 영양이 풍부하다고 알려져서 요즘에 사람들이 즐겨 먹지."

"그렇죠? 우리 몸에 좋은 거죠? 저 어제 먹었는데 너무 맛있어서 엄마한테 또 해 달라고 했어요."

의리가 반색하며 말했다.

"그래? 음, 근데 아보카도를 먹기 전에 생각해 볼 문제가 있어.

아보카도가 전 세계적으로 인기를 끌면서 사람들이 아보카도를 더 많이 기르려고 숲을 아보카도 농장으로 바꾸고 있거든. 소고기의 경우처럼 불법으로 숲을 파괴해서 문제가 되고 있지. 게다가 아보카도 한 알을 키우는 데 다른 작물보다 물이 훨씬 많이 필요한 것도 문제야. 오렌지의 1.5배, 토마토의 60배인 320리터가 필요하다고 하니까 아보카도를 많이 키우면 키울수록 물이 부족해져. 탄소가 많이 배출되는 것은 두말할 것도 없고."

"정말요? 맛있는 채식 요리를 발견했다고 생각했는데."

의리가 울상을 지었다.

"그것만이 아니야. 멕시코 같은 열대 기후에서 자라는 아보카도를 먹으려면 수입에 의존할 수밖에

없어. 먼 곳이 원산지인 식품은 배나 비행기로 실어 나르는 데 며칠씩 걸리겠지? 그러자면 화석 연료를 많이 써야 하고, 화석 연료를 태우느라 나온 온실가스가 공기와 바다를 오염시켜. 또 긴 시간을 이동해야 하니까 덜 익은 상태에서 수확한 뒤 썩지 않도록 방부제나 산화 방지제, 코팅제, 살충제 따위를 쓰기도 해. 소비자에게 내놓기 전에 화학 약품을 써서 억지로 익히는 후숙 과정도 거치지. 열매가 가지나 줄기에 매달려 있는 상태에서는 농약을 뿌려도 어느 정도는 스스로 해독할 수 있어. 하지만 수확한 뒤에 쓰는 화학 약품은 고스란히 남을 수밖에 없어."

우리는 귀를 쫑긋 세우고 선생님 이야기에 귀를 기울였다. 아보카도에 이런 비밀이 숨겨져 있었다니.

"자, 그나저나 로컬 푸드의 비밀은 풀어 봤어?"

우리는 로컬 푸드 매장을 찾아간 일부터 그곳에서 보고 들은 것들을 앞다투어 말씀드렸다.

"로컬 푸드 매장에서 파는 건 다 신선해 보이더라고요! 엄마가 그러시는데, 가격도 마트보다 저렴하대요."

"딸기 농부 아저씨가 주신 딸기도 집에서 먹어 보니 정말 맛있었어요!"

"비건 빵도 엄청 맛있었어요! 요즘 비건 음식들이 계속 반전 매력을 보여 준다니까요."

우리 이야기를 흐뭇하게 듣던 선생님이 말씀하셨다.

"그래, 로컬 푸드 매장에서 파는 먹거리는 신선하고 맛있어. 인공 비료나 농약 같은 화학 물질을 거의 안 쓴 것들이라 안전하기도 하고. 생산자와 소비자의 거리를 좁혀 줘서 생산자인 농부들이 더 많은 이익을 얻을 수 있지. 그리고 가장 중요한 점은 지역 농산물 매장을 이용하면 온실가스를 덜 배출한다는 거야. 방금 우리가 이야기 나눈 아보카도랑 달리 말이야. 탄소 발자국 기억하고 있지? 탄소 발자국은 우리가 살아가면서 만드는 이산화탄소의 양을 말해. 아보카도는 탄소 발자국이 크고, 지역 농산물은 탄소 발자국이 작지. 탄소 발자국을 줄이는 가장 좋은 방법 중 하나가 지역 농산물을 먹는 거야. 선생님이 탄소 발자국을 얘기하면서 왜 로컬 푸드를 힌트로 줬는지 알겠지?"

"네!"

우리가 힘차게 대답하자, 선생님 얼굴에 흐뭇한 웃음이 번졌다.

"너희가 미션을 훌륭히 해낸 것 같으니, 나도 좋은 소식을 들려줄게. 너희가 지난번 건의한 저탄소 급식의 날 말이야, 한 달에 두 번으로 늘어나게 되었어!"

"와!"

우리는 서로 얼싸안고 팔짝팔짝 뛰었다. 우리가 건의한 내용이 이루어지다니, 정말 뿌듯했다. 그리고 앞으로 펼쳐질 일들에 대한 기대로 가슴이 벅차올랐다.

이음이의 생각거리

오늘 먹은 음식의 탄소 발자국은?

탄소 발자국은 온실가스 배출량으로 표기한다. 기후 변화를 일으키는 온실가스는 이산화탄소, 메탄, 아산화질소, 수소불화탄소, 과불화탄소, 육불화황 등인데 저마다 끼치는 영향력이 다르다. 그래서 이산화탄소를 기준으로 환산해서 무게 단위에 CO_2e(carbon dioxide equivalent)를 붙여서 표기한다. 간단하게 무게 단위로만 표기하기도 하고.

그러면 오늘 내가 먹은 음식의 탄소 발자국은 얼마나 될까?

한 끼에 무려 1063gCO_2e의 탄소가 배출됐다!

자동차로 6km 거리를 이동할 때 배출되는 탄소량이었다.

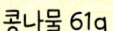 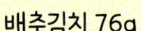 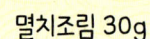 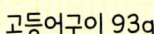

콩나물 61g   배추김치 76g   멸치조림 30g   고등어구이 93g

콩밥 140g   미역국 663g

그럼 과일은 어떨까? 딸기, 바나나, 아보카도의 탄소 발자국도 비교해 보자.

  86gCO$_2$e

딸기 100g

    170gCO$_2$e

바나나 100g

    210gCO$_2$e

아보카도 100g

머나먼 멕시코에서 온 아보카도는 한 알에 약 420gCO$_2$e를 배출했다. 앞으로는 가까운 거리에서 오는 채소와 과일을 먹어야겠다. 그만큼 더 신선하고 몸에도 좋겠지? 음식의 탄소 발자국은 농림축산식품부의 탄소 발자국 계산기로 살펴볼 수 있다!

탄소 발자국 계산기

6. 스쿨 푸드 프로젝트

　점심을 먹고 급식실을 나왔더니, 잎새가 급식실 게시판 앞에 서 있었다.
　"잎새야, 점심 맛있게 먹었어?"
　나는 게시판을 뚫어져라 바라보는 잎새에게 말을 걸었다.
　"응, 오늘도 완전 맛있었어. 저탄소 급식의 날이 한 달에 두 번으로 늘어나니까 너무 좋아. 잔뜩 먹어서 엄청 배불러."
　잎새가 배를 볼록 내미는 시늉을 하며 말했다. 잎새와 나는 함께 깔깔 웃었다.
　"난 언제쯤 저탄소 급식을 너처럼 맛있게 먹을 수 있을까?"

푸나당의 첫 번째 프로젝트를 성공하고 난 뒤에 잎새와 의리는 저탄소 급식에 잘 적응한 것 같았다. 하지만 나와 후식이는 여전히 채소 반찬보다는 고기 반찬이 좋았다.

"나도 처음부터 채소가 맛있진 않았어. 시간이 필요하더라고."

잎새의 말에 마음이 좀 놓였다. 언젠가는 채소가 맛있게 느껴질 날이 온다는 뜻이니까.

"그런데 뭘 그렇게 보고 있었어?"

나는 게시판으로 눈을 돌리며 물었다.

"여기 영양 교육 자료 보고 있었어."

잎새가 식단표 아래에 있는 작은 안내판을 손으로 가리켰다.

"만날 지나다니면서도 그런 게 있는 줄도 몰랐네."

나도 잎새를 따라 게시판 쪽으로 다가갔다.

"어, 이거 로컬 푸드 매장에서 본 친환경 제품 마크네!"

내가 이 마크를 한눈에 알아봤다는 사실이 신기하고 뿌듯했다.

"맞아, 나도 이 친환경 마크가 보여서 자세히 읽어 봤어. 탄소 발자국하고 관련된 내용이어서. 근데 이음아, 우리 푸나당의 다음 프로젝트로 뭘 하면 좋을까?"

나도 같은 고민을 하고 있었는데, 잎새도 그렇다니 반가웠다. 우리는 의리와 후식이에게도 의견을 물어보기로 했다.

'두 번째 프로젝트로 뭘 하면 좋을지 의견 남길 것!'

집에 가자마자 푸나당 단체 채팅방에 공지를 올려놓았다. 얼마 안 되어 알림음이 울렸다.

'잘 생각이 안 나.'

후식이가 머리를 쥐어뜯는 이모티콘과 함께 글을 남겼다.

'나도 그렇긴 해.'

'나도.'

나와 의리도 마찬가지였다. 얼마나 시간이 흘렀을까, 알림이 다시 울렸다.

'텃밭은 어때?'

내내 말이 없던 잎새였다.

'텃밭을 가꾸자고? 어디서?'

'우리 학교에서.'

학교에서 텃밭이라니. 그러고 보니 탄소 발자국을 줄이려면 아보카도 같은 수입 농산물 말고 우리 농산물을 먹으면 된다는 영양 선생님 말씀이 떠올랐다.

곧바로 후식이가 반응했다.

'학교 텃밭에서 키운 거니까 스쿨 푸드네!'

'작명 센스 무엇? 대박이다.'

우리가 프로젝트 이름 이야기로 한창 열을 올리고 있는데, 잎새가 덧붙였다.

'우리만 먹는 게 아니라 학교에서 기른 채소를 급식에 활용하는 건 어떨까?'

'탄소 발자국을 획기적으로 줄일 수 있겠네!'

대화가 막힘없이 이어졌다.

'오, 그러네. 학교에서 길러서 학교에서 쓰면 운송 거리가 0일 테니까.'

'우리가 직접 기른 거니까 믿을 만하고.'

탄소 발자국 이야기에 의리와 후식이도 의욕이 샘솟는 모양이었다.

'우리 학교에 텃밭 있지 않아? 언제 본 것 같은데?'

의리의 말에 나도 학교 곳곳을 떠올려 봤다.

'맞아, 담임 선생님이 텃밭에서 일하시는 모습을 본 적 있어!'

'그럼 내일 당장 텃밭에 가 보자. 선생님께는 내가 말씀드릴게.'

역시 추진력 하나는 끝내주는 조의리다.

두 번째 프로젝트를 생각하니 가슴이 콩닥콩닥 뛰었다.

'우리 푸나당의 두 번째 프로젝트는 스쿨 푸드! 내일 수업이 끝난 뒤 교탁 앞에 모일 것!'

내가 내용을 정리해서 공지를 올렸다.

다음 날, 우리 넷은 종례가 끝나자마자 누가 먼저라 할 것도 없이 담임 선생님께로 달려갔다. 의리가 가장 먼저 등교해 미리 말씀드린 덕분에 선생님도 기다렸다는 듯 자리에서 일어나셨다.

"텃밭이 그렇게 보고 싶어? 그래, 얼른 가 보자!"

우리는 담임 선생님 뒤를 따라 텃밭으로 향했다.

"으읔! 이거 무슨 냄새예요?"

텃밭이 가까워져 오자 후식이가 소리쳤다. 정말 구리텁텁한 냄새가 훅 끼쳐 왔다. 나도 모르게 손으로 코를 막았다. 침착한 표정의 잎새와 의리도 참기 힘들었는지 코를 감싸 쥐었다.

"텃밭의 향기지!"

담임 선생님이 장난기 가득한 표정으로 말씀하셨다.

"선생님, 텃밭 가꾸려면 이 냄새를 계속 맡아야 해요?"

얼마나 숨을 참은 건지 얼굴이 시뻘게진 후식이가 코맹맹이 소리로 물었다.

"얼마 전에 뿌려 놓은 퇴비 냄새니까 걱정 안 해도 돼. 며칠 있으면 없어질 거야."

선생님 말씀을 믿고 일단은 참아 보기로 했다.

"선생님, 근데 퇴비는 왜 뿌려요?"

잎새가 내 마음을 읽은 것처럼 담임 선생님께 물었다.

"사람처럼 식물에게도 영양분이 필요하잖아. 식물은 그 영양분을 흙에서 얻어. 그래서 흙에 퇴비를 뿌리는 거지. 퇴비는 식물의 보약이라고 할 수 있어."

담임 선생님은 흐뭇한 눈길로 텃밭을 바라보며 대답하셨다. 보약이라고 하니 이젠 그 냄새가 제법 구수하게 느껴지는 것 같기도 했다.

"아악!"

그때 갑작스레 비명이 들려왔다. 후식이었다. 깜짝 놀라 돌아보니 멀찌감치 떨어져 있던 후식이가 손을 마구 흔들며 소리를 지르고 있었다.

"왜 그래?"

"으아아! 벌레가 막 달려들어!"

"후식아, 진정해 봐. 위험한 벌레는 아니야. 작은 날파리야."

선생님의 말씀에 우리는 안도의 한숨을 내쉬었다. 후식이는 소리를 지르지는 않았지만, 계속 손을 내저으며 벌레를 쫓았다.

선생님은 푸나당이 비어 있는 밭을 쓰게 해 주겠다고 하셨다.

의리가 눈을 빛내며 물었다.

"선생님, 그럼 내일 바로 채소 심어도 돼요?"

"무엇을 심을지 생각해 뒀어?"

선생님의 질문에 우리는 서로의 얼굴만 멀뚱멀뚱 쳐다보았다.

"텃밭은 선생님이 잘 준비해 놓을 테니까, 너희들은 여기에 뭘 심을지 생각해 보면 어때?"

선생님이 내 준 숙제가 싫지 않았다.

나는 집에 오자마자 인터넷으로 텃밭에 심을 채소를 검색했다. 고추, 상추, 고구마, 가지, 호박, 방울토마토, 오이…….

심는 시기를 5월로 한정했는데도 정말 많은 채소가 있었다.

나는 다들 뭘 심을지 궁금해서 메시지를 보냈다.

'얘들아, 너희 뭐 심을지 정했어?'

'응, 난 정했어. 가지. 난 가지를 정말 좋아하거든.'

가장 먼저 답을 준 사람은 잎새였다.

'나는 아삭이 고추. 아삭아삭 씹을 때 소리가 좋아.'

의리도 심을 채소를 이미 정했나 보다. 내가 싫어하지 않는 채소를 떠올려 보니 그나마 잘 먹는 것이 오이였다. 교실 화분에 심어 본 적이 있는 방울토마토도 떠올랐다.

'나는 오이랑 방울토마토!'

한참 이야기를 주고받는데, 어쩐 일인지 후식이가 답이 없었다.

'아, 그리고 우리가 정한 채소들이 학교 급식에 진짜 필요한지 내일 영양 선생님께 직접 여쭤보자.'

'좋은 생각이야!'

텃밭에 채소를 심고 가꿀 일에 들떠서 잠시 잊고 있었는데, 잎새가 우리 두 번째 프로젝트의 목적을 일깨워 주었다. 잎새랑 함께 프로젝트를 할 수 있어 든든했다.

그때, 긴 침묵을 깨고 후식이가 글을 올렸다.

'난 내일 시간이 안 될 것 같아. 너희들끼리 가면 안 될까?'

'왜? 무슨 일 있어?'

의리가 물었다.

'그게…… 엄마랑 어디 갈 데가 있어.'

'그래, 어쩔 수 없지.'

'심고 싶은 채소는 꼭 생각했다가 알려 줘!'

다음 날, 나와 잎새, 의리는 영양 선생님을 찾아갔다.

"선생님, 저희 푸나당이 탄소 배출을 줄일 방법을 또 생각했어요. 일명 스쿨 푸드! 학교 텃밭에 직접 채소를 심고 길러서 학교 급식에 쓰는 거예요!"

의리가 목소리에 힘을 주어 얘기했다.

"스쿨 푸드? 아주 좋은데! 너희가 생각해 낸 거야? 정말 대단하구나!"

영양 선생님이 환하게 웃으셨다.

잎새가 선생님을 재촉하듯 물었다.

"선생님, 학교 급식에는 어떤 채소가 필요해요?"

"필요한 채소들이라면 많지. 심으려는 채소가 뭔데?"

영양 선생님 질문에 나는 얼른 방울토마토, 오이, 아삭이 고추, 가지까지 어제 이야기 나온 채소를 모두 말씀드렸다.

"그 채소들 모두 학교 급식에 필요하지. 계획대로 잘 심고 가꾸면 될 것 같은데? 선생님은 벌써 기대가 되는구나."

칭찬을 받으니 어깨에 힘이 들어갔다.

우리는 텃밭에서 재배할 채소를 담임 선생님께 말씀드리고, 함께 채소를 심을 날을 정했다. 담임 선생님과 영양 선생님 덕분에 스쿨 푸드 활동에 확신이 들고 자신감도 생겼다. 우리는 그 뒤로 더 자주 만나서 텃밭 가꾸는 데 필요한 것을 의논하고 준비했다.

그런데 금요일 오후에 메시지가 하나 올라왔다.

'얘들아, 나 아무래도 푸나당 같이 못 할 것 같아.'

평소 후식이답지 않게 진지한 말투였다. 다들 나처럼 말문이 막혔는지 침묵이 이어졌다.

'또후식, 재미없다. 장난치지 마.'

의리가 침묵을 깨고 장난스럽게 글을 올렸다.

'후식아, 무슨 일 있어?'

'야, 도후식! 이유는 말해 줘야지.'

잎새도, 나도 앞다투어 글을 올렸다. 혹시나 집에 무슨 일이 있는 건 아닌지 걱정이 됐다.

'미안해.'

이 한마디를 남기고 후식이는 푸나당 채팅방을 나가 버렸다.

'이음아, 혹시 후식이 무슨 일 있어? 그래도 우리 중에는 네가 후식이랑 제일 친하잖아.'

잎새가 물었지만 나도 후식이가 왜 그러는지 모르기는 마찬가지였다. 표정이 안 좋아 보일 때도 있었지만, 평소와 크게 다른 점은 없었다. 굳이 찾는다면 푸나당 모임을 계속 빠졌다는 거. 한 번은 엄마와 어디 간다고, 두 번째는 몸이 안 좋다고, 그다음은 학원 간다고. 그때는 그냥 어쩔 수 없는 사정이 있다고만 생각했다.

'일단 우리끼리 하자. 그동안 후식이는 계속 참여를 안 해서 채소도 안 정했고, 채팅방까지 나간 거 보면 같이 할 수 없는 사정이 있는 것 같아. 나중에 만나서 물어보자.'

의리의 말에 나와 잎새는 아무런 답도 할 수 없었다. 내내 찜찜한 기분이 들었다. 후식이가 걱정돼서 가만히 있을 수가 없었다. 주말 내내 후식이에게 전화도 하고 메시지도 보냈다. 겨우 받아 낸

답신에는 미안하다는 말뿐이었다.

학교에서도 후식이는 우리를 피했다. 말을 걸어 보려고 가까이 다가가면, 어느새 일어나 교실을 나가 버렸다. 후식이의 모습이 너무나 낯설었다.

어느새 텃밭에 채소를 심기로 약속한 날이 되었다. 학교 수업을 모두 마친 뒤, 우리는 후식이 없이 셋이서만 텃밭으로 갔다. 담임 선생님이 먼저 와 계셨다.

"다 온 거야? 후식이가 안 보이는데?"

의리가 무거운 표정으로 후식이는 안 한다고 말씀드렸다. 별다른 말씀은 안 하셨지만, 선생님도 아쉬운 눈치였다.

"얘들아, 오늘 드디어 너희들이 정한 채소를 심을 거야."

담임 선생님은 얼음틀처럼 생긴 까만 판에 빼곡하게 담긴 작은 식물들을 가리키셨다.

"이걸 모종이라고 해."

"선생님, 저희 씨앗 심는 거 아니었어요?"

의리가 고개를 갸웃거리며 물었다.

"씨앗을 바로 심어도 되지. 이 모종도 씨앗을 심어서 싹을 틔운 거야. 근데 너희들처럼 처음 채소를 키우는 경우엔 씨앗보다 모종을 심는 편이 훨씬 키우기 쉬워. 씨앗을 심으면 이것저것 손 갈 일이 늘어나거든. 새싹이 너무 촘촘하게 나면 가장 실한 녀석만 남기고 나머지는 솎아 내야 하지. 햇빛이나 물, 양분이 모자라거나 넘치면 웃자라서 키만 훌쩍 크고 힘이 없는 경우도 많고. 그런데 모종은 농장에서 이런 과정을 다 거쳐서 온 터라 실패할 확률이 적어. 또 모종을 심으면 수확하기까지 시간도 줄일 수 있고."

선생님의 설명에 우리는 고개를 끄덕였다.

"자, 그럼 각자 키울 모종을 가지고 텃밭으로 들어가 볼까?"

우리는 선생님이 나눠 주신 장갑을 끼고, 모종삽을 들고 텃밭으로 들어갔다.

"모종삽으로 모종 뿌리 부분이 들어갈 만큼 구멍을 파고 그 구멍에 모종을 넣어. 흙으로 구멍을 메우고 모종이 쓰러지지 않도록 주변 흙을 다독다독 다져 주렴. 모종 사이의 간격은 30센티미터에서 40센티미터, 잘 모르겠으면 손으로 두 뼘씩 간격을 주면 돼."

담임 선생님의 시범을 본 뒤, 우리는 자리를 잡고 모종을 심을

준비를 했다. 나는 혹시나 줄기가 부러질까 봐 조마조마했다.

"선생님, 저는 최대한 많이 심고 싶은데요."

의리는 이미 구멍을 다닥다닥 붙여 파고 있었다.

"모종을 너무 붙여 심으면 가지를 뻗을 자리가 부족해서 서로 햇빛을 더 많이 받으려고 경쟁을 하게 된단다. 그러다 보면 죽는 모종이 생길 거야."

의리는 머쓱해하며 팠던 구멍을 다시 메웠다.

'우아, 이것도 힘드네.'

계속 허리를 숙이고 모종을 심자니 다리와 허리가 아파 왔다. 그렇지만 내가 직접 기른 채소로 만들 급식을 생각하며 하나하나 정성껏 심었다. 삐뚤빼뚤 어설프지만 텃밭을 채운 식물들을 보니 뿌듯함이 밀려왔다.

우리는 나중에라도 후식이가 오면 심을 수 있도록 텃밭 한쪽에 아무

것도 심지 않은 땅을 남겨 놓았다.

 일주일 뒤, 텃밭에서 푸나당 모임이 있는 날이었다. 그새 채소가 많이 자라 있었다. 우리는 잔뜩 들떠서 잡초도 뽑고, 물도 주고, 사진도 찍었다. 그런데 갑자기 의리가 우뚝 멈춰 섰다. 의리의 눈길이 멈춘 곳으로 고개를 돌려 보니 후식이가 있었다.
 "후식아!"
 후식이는 머리에는 밀짚모자, 얼굴에는 마스크를 쓰고, 팔에는 토시, 손에는 장갑을 끼고, 발에는 장화까지 신은, 그야말로 머리부터 발끝까지 중무장한 모습이었다.

평소 후식이가 잘 입는 티셔츠가 아니었다면 못 알아볼 뻔했다.

"음, 안녕……."

후식이가 긴장한 듯 작은 목소리로 인사를 건넸다.

"야, 또후식!"

의리는 버럭 소리를 지르더니 홱 돌아앉아 풀을 뽑는 시늉을 했다. 나는 의리의 손목을 잡고 후식이 쪽으로 끌고 갔다. 의리는 한두 번 버티더니 이내 못 이기는 척 따라왔다.

"선생님, 죄송해요. 애들아, 미안해."

후식이가 고개를 숙이며 사과했다.

"잘 왔어, 후식아. 무슨 일이 있었던 거야?"

후식이 어깨를 토닥이며 잎새가 물었다.

"사실 나는…… 벌레가 너무 무서워. 어릴 때부터 벌레만 보면 식은땀이 났어. 근데 처음 텃밭을 둘러볼 때 벌레가 나한테 마구 달려들었잖아. 정말 소름이 쫙 끼쳤어. 냄새나는 흙을 만지는 것도 싫고. 도저히 텃밭은 같이 할 수 없을 것 같았어."

후식이는 진저리를 치며 말했다.

"창피해서 말은 안 했지만, 그날 집에 가서 너무 힘들었어. 벌레도, 거름 냄새도 참아 낼 자신이 없더라. 내가 푸나당 활동에 방해가 되면 어쩌나 싶기도 하고……."

후식이는 더 말을 잇지 못했다.

"그랬구나, 후식아. 그래도 이렇게 왔잖니? 돌아온 걸 환영해."

담임 선생님이 후식이 머리를 쓰다듬으며 말씀하셨다.

"그래. 잘 왔어, 후식아!"

나와 잎새도 후식이 어깨에 손을 올리며 말했다.

"또후식! 나 조의리를 뭐로 보고. 의리 빼면 시체인 나한테 말했으면 될 일을. 그놈의 벌레 내가 다 잡아 줬을 텐데."

의리의 말에 우리 모두 활짝 웃었다. 후식이에게 직접 물어보진 않았지만 왜 이런 복장으로 왔는지도 이해가 되었다.

"자, 그럼 후식이도 왔으니 비어 있는 텃밭에 상추를 심어 볼까?"

선생님도 우리와 같은 마음이었는지 미리 준비해 둔 상추 모종을 가져오셨다. 우리는 후식이와 함께 후식이 몫으로 남겨 둔 땅에 상추를 심었다. 후식이는 중무장을 하고도 겁이 나는지 상추를 심는 내내 내 옆에 착 달라붙어 있었다. 나는 후식이에게 어떻게 다시 올 생각을 했느냐고 물었다.

"사실 잎새한테 계속 연락이 왔어. 의리는 집까지 찾아왔고. 푸나당은 모두 함께해야 의미가 있는 거라고, 그러니 함께하자고."

나만 후식이에게 연락한 게 아니었다는 사실과 잎새와 의리도 푸나당에 진심이었다는 사실에 조금 울컥했다.

"으악!"

"악!"

"읍!"

후식이는 잊을 만하면 한 번씩 비명을 질렀다. 그러면서도 열심히 상추 모종을 심고 잡초를 뽑았다.

"너희들이 정성껏 심은 만큼 무럭무럭 잘 자라겠는데!"

담임 선생님 말씀에 우리는 뿌듯한 얼굴로 서로를 돌아보았다.

담임 선생님이 긴 분무 호스를 들고 손잡이를 누르자 물줄기가 힘차게 뻗어 나왔다. 텃밭의 흙 색깔이 점점 진해져 갔다. 갑자기 담임 선생님이 호스를 우리 쪽으로 돌렸다. 우리는 누가 먼저랄 것도 없이 소리를 질러 댔다. 물세례를 받으며 나는 마음속으로 빌었다. 어린 채소도, 우리 푸나당의 마음도 무럭무럭 자라길.

이음이의 생각거리

채소를 심자!

👉 채소 심는 시기와 수확 시기

채소 이름	심는 시기 (모종 기준)	수확 시기	주의사항	심은 사람
오이	5월 초	7~9월	15cm 간격 지지대 필요	이음
가지	4월 말~5월 중순	7~10월	지지대 필요	잎새
아삭이 고추	4월 말~5월 초	7~10월	30cm 간격 지지대 필요	의리
방울 토마토	5월 초~말	6~9월 말	지지대 필요	이음
상추	4월 중순~6월 초	5~10월(수시)		후식
청경채	5월	6~7월		
깻잎 (들깨)	4월 중순~5월	5~10월(수시)	깨는 들깨 씨를 직접 뿌려 심음	
고구마	5월 말~7월	8월 중~10월	순을 꽂음	
여주	4월 말~5월 말	7월~10월	지지대 필요	

*중부 지방 기준(남부는 일주일 앞당김)

👉 텃밭 채소 재배 필수 요소

씨앗과 모종 — 처음에는 쉽고 빨리 재배할 수 있는 잎채소 위주로 도전해요.

배양토 — 흙이 좋아야 맛있는 채소를 얻어요. 양분이 들어 있는 배양토와 흙을 1:1 비율로 섞어서 사용해도 좋아요.

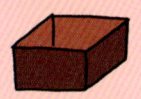
상자 — 심는 작물에 따라 텃밭 상자의 크기를 결정해요. 상자가 크고 넉넉해야 채소가 잘 자랄 수 있어요.

물 — 흙이 말랐을 때만 화분 아래로 물이 흘러나올 정도로 줘요. 상온과 비슷한 온도가 좋아요. 수돗물은 통에 받아서 하룻밤 두어 염소 성분을 증발시킨 다음 사용하면 좋아요.

햇빛 — 채소에 따라 햇빛을 좋아하는지, 살짝 그늘진 곳을 좋아하는지 파악해서 적절한 장소에 심어요.

바람 — 통풍이 제대로 되지 않으면 병충해가 쉽게 발생할 수 있어요. 바람이 충분히 통하게 해 주세요.

채소마다 재배하는 방법이 다르니 각각의 특징에 맞게 심자!

7. 오늘은 줍깅

"와, 저기 봐! 그새 또 자랐어!"

텃밭을 보자마자 나도 모르게 탄성이 나왔다. 주말에 내린 비 덕분인지 채소는 주말 사이에 또 부쩍 자라 있었다. 우리는 채소를 심은 뒤로 틈만 나면 텃밭에 나왔다. 채소가 얼마나 자랐는지 궁금해서 엉덩이가 들썩거렸다.

"일주일 사이에 이렇게 많이 자라다니. 진짜 신기해."

잎새도 보랏빛이 선명해진 가지 줄기를 보며 말했다.

"빨리 상추 따서 쌈 싸 먹고 싶다."

후식이가 입맛을 다시고 있을 때였다. 담임 선생님이 길쭉하고 가느다란 막대기를 한 아름 들고 오셨다.

"선생님, 그게 뭐예요?"

의리가 물었다.

"너희가 심은 모종이 많이 자랐잖아. 이제 열매가 조금씩 달릴 텐데 열매가 커질수록 줄기가 무게를 버티기 어려울 거야. 옆으로 쓰러지지 않고 잘 지탱할 수 있도록 줄기 옆에 세울 지지대란다."

담임 선생님 설명을 듣고 우리는 모종 주변에 지지대를 단단히 박고, 얇은 끈으로 지지대와 줄기를 함께 묶었다.

"앞으로 지금보다 더 자랄 테니 지지대와 줄기를 잘 고정해 주렴. 자주 들여다보면서 주변에 자란 풀도 뽑아 주고."

"네!"

담임 선생님의 당부에 우리 모두 큰 소리로 대답했다.

"이제 한동안은 채소가 잘 자라는 모습을 지켜보면 될 것 같다. 그런데 얘들아, 다른 사람들은 어떤 채소를 어떻게 가꾸고 있는지 궁금하지 않니?"

"궁금해요!"

후식이가 선생님 말씀이 끝나기가 무섭게 대답했다.

"이번에 심을 채소를 정할 때도 5월에 심을 수 있는 채소가 많아서 엄청 고민했어요. 그때 안 고른 채소는 어떤 모습으로 자라는지 궁금해요."

의리도 거들었다.

"선생님이 주말에는 청명천 근처 주말농장에서 여러 가지 채소를 기르고 있거든. 선생님 말고도 재배 실력이 뛰어난 고수들이 다양한 채소를 기르고 있어서 너희들이 함께 가서 보면 좋겠어."

"우아, 선생님 정말 좋아요!"

잎새는 평소답지 않게 뜨거운 반응을 보였다.

"너희 자전거 탈 줄 아니?"

"그럼요!"

"우리 자전거 타고 가요?"

우리는 자전거라는 단어를 떠올리는 것만으로 벌써 신이 났다.

"응, 자전거 타고 가자. 모처럼 바람도 좀 쐬고 탄소 배출 줄이기에도 동참하고. 이번 주 토요일 9시 어때?"

"완전 좋아요!"

의리와 후식이는 뛸 듯이 기뻐했다. 나도 친구들이랑 자전거를 타고 멀리 가 보는 건 처음이라 정말 설렜다. 로컬 푸드 매장에 갔을 때도 재미있었는데, 이번에는 또 얼마나 재미있는 것을 발견하게 될지 토요일이 기다려졌다.

드디어 약속한 토요일이 되었다. 학교 정문에 도착해서 시계를 보니 8시 30분을 지나고 있었다.
'너무 일찍 왔나?'
주위를 둘러보는데, 익숙한 목소리가 들렸다.
"연이음!"
'후식이가 이렇게 빨리 오다니.'
후식이가 도착한 지 5분도 채 되지 않아 잎새와 의리도 왔다.
"다들 일찍 왔네!"
담임 선생님이 반갑게 손을 흔들며 우리 쪽으로 걸어오셨다. 그런데 옆에 한 사람이 더 있었다.
"어, 영양 선생님 아니야?"
"영양 선생님도 같이 가요?"
우리는 영양 선생님을 에워싸며 물었다.

"그럼, 푸나당과 함께 가려고 선생님도 왔지."

영양 선생님 말씀에 모두 환호성을 질렀다. 담임 선생님 얼굴을 보니 우리만큼이나 좋아하시는 것 같았다.

우리는 각자 쓰고 온 헬멧, 보호대를 점검한 뒤, 선생님께 간단한 안전 교육을 받고 학교를 나섰다.

학교에서 청명천까지는 자전거를 끌고 갔다.

"선생님, 그냥 자전거 타고 가면 안 돼요?"

후식이가 투덜거렸다.

"위험해서 안 돼. 곧 자전거 도로가 나오니까 조금만 참아."

선생님이 후식이를 달랬다.

"잎새야, 너 자전거 잘 타?"

나는 옆에 있는 잎새에게 물었다.

"응. 어렸을 때 할아버지한테 배웠어, 넌?"

"사실 배운 지 얼마 안 됐어. 두 달? 그래서 아직은 좀 무서워."

나는 자전거를 타고 멀리 나가 본 적이 없어서 걱정이 되었다.

"괜찮을 거야. 자전거 도로는 더 타기 편해. 내가 뒤에서 천천히 따라가 줄게."

잎새의 말에 조금 마음이 놓였다.

따뜻해진 날씨 덕분인지 청명천에 나와 있는 사람이 많았다. 의리와 후식이는 청명천에 도착하자마자 자전거에 올라타 힘차게 달리기 시작했다. 나도 자전거에 올라 천천히 페달을 밟았다. 잎새가 뒤에 있다고 생각하니 혼자 탈 때보다는 덜 무서웠다.

"안녕하세요!"

조금 달리다 보니, 어느덧 마주 오는 사람들한테 인사를 건넬 정도로 여유가 생겼다. 자전거 도로 옆으로 꽃이 가득 피어 있고, 풀잎도 진한 초록빛을 띠고 있었다. 햇볕은 벌써 뜨거웠지만, 살랑거리는 바람이 땀을 식혀 주었다.

얼마나 달렸을까, 선생님이 멈추라는 신호를 주셨다. 길가에 자전거를 세우고 선생님을 따라 걸어가니 '청명천 주말농장'이라고 쓰여진 큰 푯말이 눈에 들어왔다.

"얘들아, 다 왔어. 여기란다."

선생님 말씀에 멈춰 서서 주말농장을 둘러보았다.

"선생님, 이렇게 넓을 줄 몰랐어요."

잎새가 가장 먼저 주말농장 안으로 들어가며 말했다. 우리도 농장 안을 살피며 뒤따라 들어갔다. 농장 여기저기에서 밭을 돌보는 사람들이 보였다.

"선생님 밭은 어디예요?"

밭고랑 사이로 조심조심 걸어가던 잎새가 선생님께 물었다.

"찾았다!"

잎새 말이 떨어지기 무섭게 의리가 손가락으로 푯말을 가리켰다. 우리는 의리가 가리킨 텃밭으로 갔다.

'한길 텃밭' 푯말이 있는 걸 보니 선생님 밭이 틀림없었다.

"후식아, 이리 와 봐. 여기 상추 있어."

나는 후식이를 불렀다.

"우아, 우리가 학교 텃밭에 심은 상추보다 훨씬 더 크게 자랐네."

후식이 말에서 반가워하는 마음이 느껴졌다.

"여기 가지랑 오이도 있어. 방울토마토도."

잎새가 지지대에 묶인 줄기를 살피며 말했다. 나는 잎새가 있는 쪽으로 재빨리 가서 오이와 방울토마토를 살펴봤다.

"잘 자라고 있군."

나는 마치 채소 전문가라도 된 것처럼 말했다.

"이음아, 신기해. 이렇게 덜 자란 모습만 보고도 어떤 채소인지 알 수 있다는 게 말이야."

잎새가 어떤 마음인지 나도 알 것 같았다.

"애들아, 이리로 와 볼래?"

선생님이 부르는 소리에 우리는 한달음에 선생님이 계신 곳으로 달려갔다.

"이 채소 본 적 있니?"

선생님이 작은 잎을 따서 보여 주며 물어보셨다.

"깻잎이요! 우리 아빠가 삼겹살에 잘 싸 먹는 채소예요."

후식이가 큰 소리로 대답했다.

"맞아, 아직 어린 잎인데도 단번에 알아보다니, 후식이 정말 대단하구나."

선생님 칭찬에 후식이가 어깨를 으쓱했다.

"그렇다면 깻잎은 어떤 채소를 심은 것일까?"

선생님의 질문이 이어졌다.

다들 고개를 갸웃거리는데, 의리가 자신 없다는 듯 대답했다.

"깻잎이니까 깨인 것 같아요."

"의리 정답! 정확히 말하면 들깨를 심어서 나온 잎이야."

선생님은 의리에게 엄지를 척 들어 보였다.

"이렇게 깻잎으로 먹기도 하고, 나중에 깨를 수확해서 들깻가루나 들기름으로 먹기도 하지. 물론 깻잎을 수확하느냐, 깨를 수확하느냐에 따라 씨앗의 종류도 다르고 심는 시기도 조금씩 다르단다. 선생님은 깻잎을 먹으려고 기르는 거야."

선생님 설명을 듣다 보니 주말농장의 다른 채소들도 궁금해졌다. 나는 잎새와 함께 다른 밭을 더 둘러보기 시작했다. '쌍둥이네 텃밭' 푯말 앞에 잎새가 발걸음을 멈추며 말했다.

"이음아, 여기는 심은 채소마다 작은 이름표를 세워 뒀어."

잎새의 말에 이름표에 적힌 채소 이름을 하나씩 읽어 보았다.

"그러네. 청경채, 여주, 양상추, 수박……. 이렇게 이름을 알 수 있으니까 좋다."

"응, 이렇게 이름표를 써 놓으니까 우리같이 처음 채소를 가꾸는 사람들에게는 정말 도움이 되네. 다른 텃밭에는 어떤 채소가 있는지 궁금했는데 우리끼리는 채소 이름을 알 수 없으니까."

사실 나도 모양새만 봐서는 채소 이름을 알 수 없어서 답답하던 차에 이름표가 무척 반가웠다.

"나도 그렇게 생각했는데. 이 텃밭 주인은 정말 멋진 분일 거야!"

텃밭 구경을 마치고 우리는 다시 한자리에 모였다. 나와 잎새는 선생님께 '쌍둥이네 텃밭'에서 보았던 작은 이름표 이야기를 했다. 선생님과 친구들 모두 좋은 생각이라고 했다. 오늘 우리처럼 채소에 대해 궁금해하는 친구들을 위해 우리 푸나당 텃밭에도 채소마다 이름표를 써서 세워 두기로 했다.

"자, 얘들아. 구경 다 했으면 이제 돌아갈까?"

주말농장 견학을 마치고, 우리는 다시 청명천으로 돌아왔다. 자전거를 세워 둔 곳으로 가다 보니 아까 맞은편에서 걸어오던 언니들이 보

였다. 반가운 마음에 나도 모르게 인사를 했다.

"안녕하세요!"

"안녕! 우리 아까도 인사했지? 친구들하고 청명천에 자전거 타러 왔구나?"

"네. 선생님이랑 친구들하고 주말농장 구경 왔어요. 언니들은 뭐 하세요?"

내가 언니에게 묻자, 후식이가 냉큼 끼어들었다.

"달리면서 운동하는 것 같던데?"

"아닌데, 아까 보니까 쓰레기 줍고 있던데?"

잎새 생각은 후식이와 달랐다.

"운동하는 것도 맞고, 쓰레기 줍는 것도 맞아."

언니가 웃으며 말했다.

"둘 다 맞다고요?"

의리가 고개를 갸웃거리며 물었다.

"응, 우리는 청명대학교 환경 동아리 학생들이야. 너희들 줍깅이라고 들어 봤니?"

줍깅이라는 말이 왠지 재밌었다.

"줍깅이요? 조깅 비슷한 거예요?"

후식이의 말에 언니가 박수를 쳤다.

"그래, 맞아. 줍깅은 '줍다'와 '조깅'을 합친 말이야. 조깅하는 동안 눈에 띄는 쓰레기를 줍는 일이지. 스웨덴에서 시작된 플로깅이 더 정확한 말이고."

"우아, 역시 또후식. 또 하나 맞췄네!"

의리가 어깨를 툭 치자, 후식이가 뒤통수를 긁적이며 물었다.

"봉사 활동이에요?"

"하하, 운동하면서 환경을 위한 작은 실천을 하는 거야. 건강도 지키고, 환경도 지키는 거지. 돈을 벌자고 하는 일은 아니니까, 봉사 활동이라고도 볼 수 있지."

환경을 지킨다는 언니의 말이 마음에 와닿았다.

"우리도 탄소 중립을 위한 일을 하고 있어요. 푸나당을 만들어서 활동하고 있거든요. '푸른 지구를 위해 나부터 당장'을 줄인 말이에요."

잎새의 말에 언니가 깜짝 놀랐다. 그러고는 다른 언니, 오빠 들을 우리 쪽으로 불러 모았다. 우리 푸나당이 저탄소 급식의 날을 늘리고, 스쿨 푸드 프로젝트를 하고 있다는 이야기를 듣고는 정말 대단하다며 엄지를 들어 보였다.

"우리도 줍깅 같이 해 볼까?"

잎새의 제안에 우리는 일제히 고개를 끄덕였다.

"좋은 생각이야!"

선생님들도 동의해 주셨다.

"누나, 저희도 같이 해도 될까요?"

"그럼. 함께하는 사람이 많으면 많을수록 좋지. 우리는 대환영이야."

우리는 쓰레기봉투와 집게를 건네받아 줍깅에 참여했다.

"잎새야, 줍깅 정말 좋은 생각인 것 같지 않아?"

내 말에 잎새가 고개를 끄덕였다. 우리는 수다도 떨고, 쓰레기도 주우면서 청명천을 따라 걸었다.
　"와, 이거 생각보다 힘드네."
　얼마 지나지 않아 쓰레기봉투는 담배꽁초와 페트병, 비닐봉지, 과자 봉지, 플라스틱 컵 같은 온갖 쓰레기로 가득 찼다.
　"너무 힘들어!"
　"쓰레기가 왜 이렇게 많은 거야!"

의리와 후식이가 숨을 몰아쉬며 말했다.

"다들 봉투가 꽉 찼네!"

담임 선생님과 영양 선생님도 쓰레기로 가득 찬 봉투를 들고 오셨다.

"얘들아, 많이 힘들었지? 오늘 함께해 줘서 고마워."

한 오빠가 쓰레기봉투를 건네받으며 말했다. 다른 언니, 오빠 들도 앞다투어 칭찬을 퍼부었다.

"오늘 너희를 만나서 많이 배웠어. 우리도 분발해야겠는걸."

칭찬을 잔뜩 받으니 왠지 대단한 일을 한 듯한 기분이 들었다.

우리는 다 함께 기념사진을 찍고 헤어졌다. 주말농장에 방문한 일도, 줍깅도 정말 멋진 경험이었다. 자전거를 타고 돌아오는 길에 청명천을 다시 바라보았다.

'깨끗하고 아름다운 줄만 알았는데, 가까이 가 보니 함부로 버려진 쓰레기로 상처투성이였어. 우리가 무관심했던 자연의 모습도 청명천과 다를 바 없겠지.'

나는 앞으로 더 자주 줍깅을 해야겠다고 다짐하며 자전거 페달을 힘껏 밟았다. 그리고 아까 만난 언니, 오빠 들처럼 푸나당 활동을 계속 이어 가고 싶다는 생각이 들었다.

줍깅 기록지   연이음

쓰레기 주운 날 : 20xx년 6월 7일 토요일   **날씨 :** 맑음   **활동 장소 :** 청명천 주변

참여한 사람 : 푸나당 대원들(연이음, 이잎새, 조의리, 도후식)과 담임 선생님, 영양 선생님

주운 쓰레기 : 플라스틱 컵 20개, 빨대 21개, 페트병 14개, 담배꽁초 43개, 나무젓가락 13개, 과자 봉지 14개, 종이컵 5개, 음료수 캔 4개, 비닐봉지 11장, 음식 포장용 상자 3개, 일회용 라이터 2개, 컵 홀더 15개, 종이 포장지 9장 등.

쓰레기가 왜 여기 있을까요? 청명천을 이용한 사람들이 버렸을 것이다.

쓰레기로 자연은 어떤 피해를 입을까요?
땅과 강이 오염되고, 산책 나온 동물이나 야생 동물이 쓰레기를 먹이로 착각해 삼키거나 쓰레기가 몸에 감겨 위험에 처할 수 있다.

쓰레기를 수거한 소감이 어땠나요?
쓰레기 대부분이 잘 보이지 않는 화단 안쪽에 버려져 있어서 줍기가 어려웠다. 음료수나 음식이 남아 있는 쓰레기는 수거하는 것도, 버리는 것도 힘들었다. 깨진 유리병과 버려진 라이터가 위험해 보였다.

쓰레기를 줄이려면 어떻게 해야 할까요?
처음부터 일회용품을 쓰지 않는다. 텀블러, 다회 용기, 손수건을 준비해서 청명천을 이용한다. 쓰레기가 나온다면 쓰레기통에 분리배출하고, 쓰레기통이 없다면 집으로 가져가서 버린다.

이음이의 생각거리

운동도 하고 쓰레기도 줍는다!

달리기를 하면서 길가의 쓰레기를 줍는 줍깅!

찾아 보니 2016년 스웨덴에서 처음 시작되었다고 한다.

스웨덴어로 '줍다'라는 뜻의 '플로카 업'과 조깅을 합쳐서 '플로깅'이라고 한다.

꼭 달리지 않아도 산책하며 눈에 띄는 쓰레기를 줍는 것도 줍깅 활동이다.

사람들이 자주 오가는 공원과 산책로, 등산로, 해변가 등이

줍깅을 하기에 딱 좋은 장소이다.

우리가 버린 쓰레기가 환경을 오염시키고, 동물을 해치기 전에

우리가 나서야겠지? 줍깅을 하고 난 뒤에는 내용을 기록하고,

버리기 전에 쓰레기를 줄일 수 있는 방법도 고민해 보자!

8. 오늘의 우리가 지구를 이롭게, 오이마켓

"와, 이게 6월 날씨라고?"

6월인데도 이상하게 한여름처럼 무더웠다. 온종일 땀을 흘려 온몸이 끈적끈적하고, 선풍기 바람마저 미지근하게 느껴졌다.

"이번 미술 시간에는 지난 시간에 스케치했던 여름 풍경을 물감으로 색칠해 보자."

담임 선생님의 목소리도 어쩐지 여느 때보다 축 처져 있었다. 우리는 느릿느릿 미술 용품을 꺼내 색칠할 준비를 했다. 어떤 색으로 칠할까 고민하고 있는데, 새삼 내 팔레트가 눈에 들어왔다.

'후식아, 고마워! 네 덕분이야.'

열심히 붓에 물감을 묻히고 있는 후식이에게 눈빛으로 속마음을 전했다. 후식이는 뭔가 이상한 기운을 느꼈는지 어리둥절한 표정으로 주변을 두리번거리다가 나와 눈이 마주쳤다.

'후식이 최고!'

나는 후식이를 똑바로 보며 엄지를 들어 보였다. 후식이는 무슨 뜻인지 알지도 못하면서 똑같이 엄지를 들어 보였다.

지난주에 이런 일이 있었다.

"이 물건 주인?"

담임 선생님의 한마디에 소란스럽던 교실이 조용해졌다. 우리 반 아이들의 눈이 일제히 담임 선생님 손으로 쏠렸다.

'앗, 저건 한 달 전쯤부터 교실에 있던 팔레트네!'

담임 선생님은 먼지가 수북이 쌓인 팔레트를 흔들었다. 분명 우리 반 누군가의 것일 텐데 다들 눈치만 보며 두리번거렸다.

"정말 주인 없어?"

담임 선생님이 다시 한번 묻자, 누군가 슬며시 손을 들었다. 얼굴이 살짝 붉어진 후식이였다.

"서, 선생님, 그거 제 건데 제가 가져가서 버릴게요."

후식이가 쏜살같이 달려나가 팔레트를 받아 들었다.

'저걸 버린다고? 쓰는 데 아무 문제 없을 것 같은데…….'

담임 선생님과 텔레파시가 통한 것일까? 버려질 위기에 처한 팔레트를 보며 안타까운 마음이 들던 차에 선생님도 같은 말을 꺼내셨다.

"먼지만 쌓였을 뿐이지, 새것 같은데 버린다고?"

"헤헤, 저 그게…… 부모님이 새 팔레트를 사 주셔서 헌것은 필요가 없어서요."

후식이가 머리를 긁적이며 대답했다.

"음, 정말 그 팔레트가 필요 없다면 버리는 대신 우리 반 누군가에게 주면 어떨까? 필요한 사람이 있을 수도 있잖아."

"그럼 그렇게 할까요? 이 팔레트 필요한 사람?"

후식이는 팔레트를 번쩍 들고 교실을 돌아다니기 시작했다.

"네가 쓰던 걸 누가 쓰냐!"

누군가의 말에 후식이가 손사래를 쳤다.

"이거 산 지 두 달밖에 안 된 건데. 사서 얼마 쓰지도 않았어. 물감 짤 수 있는 칸도 30개나 돼. 엄청 좋은 거야!"

'다음 주 미술 시간에 쓰려면 팔레트를 사야 하는데……. 손을 들까, 말까?'

후식이가 쓰다가 버리려는 걸 받아 쓰려니 조금 망설여지고, 친구들 눈치가 보였다.

"새것 같은 팔레트가 공짜입니다! 여러분이 재활용하면 지구를 살릴 수 있어요. 물건을 만들 때도 탄소가 배출되는 거 아시죠?"

후식이의 이 말이 결정적으로 내 마음을 흔들었다.

'그래! 후식이 말처럼 지구를 살리는 일이면 내가 나서야지!'

나는 손을 번쩍 들었다.

"후식아, 내가 그 팔레트 쓸게. 마침 필요했는데 깨끗이 씻어서 쓰면 될 것 같아!"

"오, 역시 이음이! 지구를 살리는 일이라면 물불 가리지 않는구나. 내 물건 잘 써 줘!"

후식이가 안도하는 얼굴로 두 손으로 공손하게 팔레트를 건네며 너스레를 떨었다.

그렇게 받은 팔레트가 지금 내가 쓰는 팔레트다. 후식이에게는 필요 없는 물건이지만, 나에게 와서 제 몫을 잘 해내는 내 소중한 팔레트!

미술 시간이 끝나자, 후식이가 내게 와서 물었다.

"이음아, 아까 너 왜 나 쳐다보면서 엄지 척! 한 거야?"

"지난주에 너한테 받은 이 팔레트 잘 쓰고 있어서 고맙다는 뜻이었어."

자연스레 팔레트로 향한 후식이의 두 눈이 휘둥그레졌다.

"와, 이게 내가 너한테 준 그 팔레트라고? 이렇게 깨끗해지다니!"

후식이의 감탄을 들은 아이들이 내 자리로 모여들었다.

"와, 진짜네!"

"이음아, 이거 완전 새 거다!"

의리와 데니스가 연신 감탄사를 내뱉었다.

"이음아, 새 물건을 사지 않아서 탄소 배출을 줄인 거네. 진짜 멋지다!"

잎새의 칭찬에 어깨가 으쓱해졌다.

"이건 재활용이 아니고 새활용이네, 새활용!"

후식이의 장난 섞인 말에 아이들이 깔깔깔 웃어 댔다.

"와하하, 새활용이래."

"새활용이라는 말도 사실 있는 말이야."

잎새의 말에 다들 두 눈이 휘둥그레졌다.

"정말?"

나뿐만 아니라 모두 처음 듣는 말인 것 같았다.

"잎새야, 그게 무슨 말이야?"

아이들의 물음에 잎새가 설명을 이어 갔다.

"재활용은 버려진 물건을 다시 자원으로 쓰는 거야. 유리병을 녹여서 다시 유리병으로 만들거나 페트병을 녹여서 섬유 제품으로 만드는 것처럼 말이야."

의리가 고개를 끄덕이며 덧붙였다.

"그래서 우리가 재활용 쓰레기를 분리해서 배출하는 거구나."

"맞아. 새활용은 버려진 물건에 디자인을 더해서 새로운 제품으로 만들어 다시 쓰는 것을 말해. '업사이클링'이라고도 하지."

"그러니까 둘 다 환경을 지키고 지구를 살리는 일이구나? 이음이는 팔레트가 쓰레기가 되지 않도록 다시 사용하니까 지구 환경

에 더 좋은 거네!"

후식이의 말에 의리의 눈이 반짝이기 시작했다.

"의리야, 무슨 좋은 생각이라도 났어?"

내가 한껏 기대에 찬 표정으로 물었다.

"그 있잖아, '호박마켓'인가? 필요 없는 물건을 싸게 팔거나 나눔 하는 앱 말이야. 우리 학교에서도 할 수 있지 않을까?"

의리의 말을 들으니 호박마켓에서 물건을 싸게 샀다며 즐거워하던 엄마의 모습이 떠올랐다.

"와! 의리야, 완전 좋다! 이참에 우리 푸나당이 학교에서 호박마켓을 여는 거 어때?"

내 말에 잎새와 후식이도 반색했다.

"좋아! 재미도 있고, 의미도 있고."

"이러다가 우리 푸나당이 진짜 지구를 살리겠는걸, 하하!"

모두 같은 생각이라는 것을 확인하고 나니 더 신이 났다. 그런데 그대로 호박마켓이라고 하기에는 좀 아쉬웠다.

"호박마켓 말고 뭔가 좋은 이름 없을까?"

내 질문에 잎새가 발갛게 달아오른 얼굴로 외쳤다.

"오이마켓 어때? '오늘의 우리가 지구를 이롭게 한다.'라는 뜻을 담아서!"

"오이마켓? 딱 맞는데? 떠올리기도 좋을 것 같아!"

의리가 들뜬 얼굴로 대답했다. 의리뿐 아니라 잎새와 후식이도 잔뜩 들뜬 얼굴이었다. 이왕 말이 나온 김에 더 구체적으로 이야기를 나누고 싶었다.

"그럼 오이마켓에는 누가 참여하지?"

"우리 학교 학생이면 누구나!"

"각자 필요 없는 물건을 내고, 필요한 물건으로 교환하는 방식이면 좋을 것 같아."

의리와 잎새가 웃으며 대답했다. 한창 신나게 이야기를 나누는데, 아쉽게도 쉬는 시간이 끝나는 종이 울렸다.

"그러면 이따 학교 끝나고 더 자세히 얘기해 보자!"

수업이 끝나고 우리는 교실 한쪽에 모여 앉았다. 모두 머리를 맞대고 오이마켓을 어떤 방식으로 운영할지 열심히 의논했다.

"와, 간만에 머리 좀 썼더니 배가 홀쭉해졌는데?"

"하하, 누가 또 후식 아니랄까 봐! 이 정도면 오이마켓 규칙이 거의 완성된 것 같아."

너스레를 떠는 후식이 말에 의리가 웃으며 대답했다.

"그런데 물건도 받고, 오이마켓도 진행하려면 장소가 필요한데 어쩌지?"

"아, 가장 중요한 걸 빠뜨리고 있었네……."

내 말이 끝나자마자, 갑자기 선생님이 나타나셨다.

"선생님이 좀 도와줄까?"

"으어억!"

예상치 못한 선생님의 등장에 깜짝 놀란 후식이는 엉덩방아를 찧는 시늉을 하며 호들갑을 떨었다.

"와, 선생님! 혹시 다 듣고 계셨어요?"

"당연하지. 너희가 기특한 생각을 하는 것 같아서 지켜보고 있었단다."

선생님의 말씀에 모두의 표정이 밝아졌다.

"장소가 필요하다고 한 것 같은데……. 선생님이 학교에 이야기해서, 우리 교실 옆 다목적실을 사용할 수 있게 해 줄게."

"와, 선생님 최고!"

"선생님, 감사합니다!"

구세주 같은 선생님의 도움 덕에 커다란 문제가 해결되었다. 이제는 내 차례다.

"애들아, 우리 역할을 나누어서 오이마켓을 알리는 포스터를 만들어 붙이자."

포스터를 만들자는 내 말을 듣고 잎새가 말했다.

"좋은 생각이야. 이음이 너는 글을 써 줘. 난 포스터에 그림을 그릴게."

후식이와 의리도 질세라 자신이 가장 잘할 수 있는 역할을 앞다투어 말했다.

"나는 운동하며 살도 좀 뺄 겸 여기저기 포스터를 붙일게."

"후식아, 같이 하자. 혼자 고생하게 둘 수 없지, 하하!"

잎새와 나는 매직펜과 물감을 꺼내 커다란 종이에 오이마켓 포스터를 만들기 시작했다. 잎새의 예쁜 그림과 내 글씨가 돋보이는 포스터를 본 후식이가 잔뜩 신이 나서 말했다.

"이야, 포스터까지 완벽한데!"

오이마켓

오늘의 우리가 지구를 **이**롭게 한다

★ 오이마켓 진행하는 날짜 ★

6월 20일(금) 15:00, 다목적실

★ 오이마켓 물건 내는 기간 ★

6월 16일(월) ~ 6월 19일(목) 방과 후 다목적실

★ 오이마켓 참여 방법 ★

1. 나는 사용하지 않지만 다른 친구에게 필요할 만한 물건을 가져옵니다.
2. 물건 내는 기간에 다목적실에 와서 물건을 내고, 오이마켓에서 쓸 수 있는 쿠폰을 받습니다. 물건의 가격은 물건 상태에 따라 매겨집니다.
3. 오이마켓이 열리면 쿠폰으로 필요한 물건을 교환합니다.

★ 주의 사항 ★

1. 물건을 내고 쿠폰을 받은 친구들만 오이마켓에 참여할 수 있습니다.
2. 크고 무거운 물건, 유통 기한이 있는 음식물, 값비싼 물건은 받지 않습니다.
3. 부모님의 허락을 받은 물건만 판매할 수 있습니다.
4. 다른 사람이 사용할 수 있는 물건을 가져와야 합니다.
5. 오이마켓이 끝난 뒤 팔리지 않은 물건은 필요한 곳에 기부합니다.
6. 오이마켓에 참여하기 위해 새 물건을 사 오면 안 됩니다.

포스터를 만드는 게 힘들긴 했지만 포스터를 모두 붙이고 나니 뿌듯하고 설레기까지 했다. 오늘 우리의 작은 실천이 지구를 이롭게 한다니!

오이마켓 물건을 받기로 한 날이 되었다.

'이제 진짜 시작이다!'

수업이 끝난 뒤 기대감을 안고 다목적실로 향했다. 그런데 다목적실 문을 여는 순간 익숙한 얼굴들이 나를 맞았다.

"어, 이음이다."

"아직 아무도 안 온 거야?"

내가 걱정스레 묻자, 잎새가 차분한 목소리로 대답했다.

"응, 이음아. 이제 시작이니까 곧 누군가 오지 않을까?"

잎새의 말에 나는 조급한 생각을 떨치고 가져온 물건을 꺼냈다.

"애들아, 내가 가져온 물건은 바로바로 귀여운 오리 인형이야!"

처음으로 혼자 자기 시작한 날, 부모님이 선물로 주신 인형이었다. 혼자 자기 무서워서 꼭 끌어안고 자던 인형인데, 이제는 나보다 더 필요한 친구가 데려갔으면 하는 마음이었다.

"와, 진짜 귀엽다. 그거 내가 사면 안 돼?"

평소에 귀여운 것이라면 사족을 못 쓰는 후식이가 대번에 관심을 보였다.

"오이마켓을 기다리라고. 그나저나 너희들은 뭘 가져왔어?"

나는 푸나당 친구들을 둘러보며 물어봤다. 어젯밤부터 친구들이 뭘 가져올지 몹시 궁금하던 터였다.

"난 안 쓰는 캐릭터 텀블러 가져왔어. 귀엽다고 사 모으다 보니 너무 많아져서!"

"내가 가져온 건 필통이야. 사 놓고 한 번도 안 썼지 뭐야."

"나는 작아진 패딩 조끼를 가져왔어. 나보다 덩치가 작은 애가 입으면 될 것 같아."

후식이의 텀블러, 의리의 필통, 잎새의 패딩 조끼까지. 모두 자신에게는 필요 없지만, 누군가에게는 필요한 물건들이었다.

드르륵.

문이 열리는 소리가 들렸다.

"저기…… 여기가 오이마켓 물건 내는 곳 맞아?"

2학년쯤 되어 보이는 남자아이가 문틈으로 고개를 살짝 내밀며 물었다.

"와, 첫 손님이네!"

"응, 맞아. 어서 들어와!"

우리는 일제히 달려가 반겼다. 쭈뼛거리며 다목적실로 들어온 남자아이는 손에 든 목베개를 내밀었다.

"이거 내도 돼?"

"당연하지! 완전 인기 있을 것 같은데."

내내 걱정스러운 얼굴이던 남자아이는 내 말을 듣고서야 수줍게 웃었다. 우리는 건네받은 목베개를 유심히 살펴보고 가격을 얼마로 할지 의논했다. 의논을 끝낸 뒤 잎새가 아이에게 오이마켓 쿠폰을 세 장 내밀며 말했다.

"이 물건은 3냥 정도로 감정했어. 이걸로 오이마켓에서 다른 물건을 살 수 있어."

우리는 오이마켓 쿠폰을 1냥에서 4냥까지 네 종류로 하고, 물건을 감정할 때 1냥에 천 원 정도의 가치를 두기로 했다.

남자아이는 기대에 가득 찬 얼굴로 3냥을 받아들었다.

"응, 나중에 봐. 고마워!"

기분 좋은 첫 손님이 다녀간 뒤로 꽤 많은 아이들이 다녀갔다.

나들이 모자, 동물 인형, 연필깎이, 새 공책, 보드게임, 개구리 안대, 휴대용 손풍기……. 다녀간 손님 수만큼 다양한 물건들이 모였다. 구멍 난 양말이나 고장 난 장난감처럼 누구도 다시 쓸 수 없을 것 같은 물건이나 딱 보기에도 비싸 보이는 게임기나 전자 제품은 돌려보내기도 했다.

"서로 나눌 수 있는 물건이 이렇게 많다니!"

후식이는 물건을 정리하느라 땀을 뻘뻘 흘렸다. 잎새도 뿌듯한 얼굴로 말했다.

"오이마켓에 참여하고 싶은 친구들이 많아서 기뻐."

나는 오이마켓 쿠폰을 담았던 상자를 탈탈 털어 보였다.

"그 많던 쿠폰이 바닥났어. 이렇게 인기가 많을 줄이야."

처음 이 아이디어를 떠올린 의리가 자랑스럽다는 듯 외쳤다.

"오늘의 우리가 지구를 이롭게 한다!"

드디어 오이마켓이 열리는 날이 되었다.

"골라, 골라! 사지 말고, 버리지 말고, 다시 써서 우리 지구를 살려 봅시다. 자, 쌉니다, 싸요!"

우렁찬 후식이의 목소리였다. 후식이에게 질세라 우리도 양손에 물건을 들고 열심히 외쳐 댔다.

"효자손 사세요, 효자손! 딱 하나뿐인 한정판 물건입니다. 부모님께 선물하세요. 이건 둘이 하다가 한 사람이 없어져도 모르는 아주 재밌는 보드게임입니다."

물건이 얼마 남지 않았을 때 반가운 손님이 찾아왔다.

"이음아, 선생님은 이거 사고 싶은데 얼마니?"

바로 우리 담임 선생님이셨다. 선생님은 학용품 세트를 내놓고 4냥을 받아 가셨는데 진짜 오실 줄은 몰랐다.

"네, 선생님. 이 드라이플라워는 4냥이에요."

선생님은 주머니에서 4냥을 내놓고, 내가 건넨 드라이플라워를 받아 들었다.

"꽃이 아주 예쁘네. 가져가서 좋은 곳에 써야겠다."

"응원할게요, 선생님!"

내 말에 담임 선생님은 속마음을 들킨 것처럼 빨개진 얼굴로 머리를 긁적이며 허둥지둥 자리를 뜨셨다.

한참 뒤에야 북적이던 다목적실이 휑해졌다. 기진맥진한 우리는 누가 먼저라고 할 것 없이 바닥에 풀썩 누워 버렸다. 한참 만에 정적을 깨며 잎새가 물었다.

"얘들아, 오이마켓 하고 난 소감이 어때?"

"난 처음엔 누가 다른 사람이 쓰던 물건에 관심 있을까 싶었어. 다들 새 물건만 좋아하잖아, 보통."

내가 먼저 입을 열자, 후식이가 말을 이어 갔다.

"나도 그렇게 생각했는데, 내 물건을 내놓고 다른 물건을 산다는 것 자체가 은근히 재밌더라고. 나도 이번에 이거 샀어."

후식이는 웃는 얼굴로 개구리 모양의 안대를 흔들어 보였다.

의리가 뿌듯함이 묻어나는 목소리로 끼어들었다.

"오이마켓에서 물건을 사 가는 친구들이 하는 이야기를 들어보니 환경에 보탬이 되는 일이라 참여한 애들도 많더라고. 사람이 너무 몰릴 땐 힘들었는데, 그런 말 들으니까 기운이 절로 나더라."

나도 그랬다. 우리의 작은 실천이 지구를 살리는 데 도움이 된다고 생각하니 하나도 힘들지 않았다. 오히려 즐겁고 신이 났다. 친구들도 같은 감정을 느낀 듯했다.

"맞아, 나도 그렇게 생각해. 오이마켓은 재사용을 홍보하는 마켓인 셈이잖아? 우리 덕분에 우리 학교 친구들도 재사용의 기쁨을 알 수 있었을 거야. 그거 하나만으로도 우리는 지구에 정말 좋은 일을 한 거지."

잎새의 말에 다들 고개를 끄덕였다.

첫 번째 오이마켓을 성공적으로 마치고 나니 오이마켓을 계속 이어 나가야겠다는 생각이 들었다. 또 어떤 것을 재사용할 수 있을지 집에 가서 찾아 봐야겠다.

이음이의 생각거리

용돈 아끼는 오이마켓 가계부

이음이의 오이마켓 가계부

날짜	내용	받은 돈	쓴 돈	잔액
6월 20일 금요일	손바닥 모양 푸시팝	3냥		3냥
	바나나 쿠션	4냥		7냥
	물총	2냥		9냥
	수수께끼 책	3냥		12냥
	학용품 세트		4냥	8냥
	뿅망치		2냥	6냥
	손풍기		3냥	3냥
	캐릭터 양말		3냥	0냥

오늘 오이마켓에서 안 쓰는 물건을 내놓고 다른 물건으로 교환해서 12,000원이 넘는 돈을 절약했다. 자동차를 40km 덜 탄 것과 같은 탄소 절감 효과라고 한다. 종이컵 대신 개인 컵을 57회 이상 사용한 것과 같은 효과이다.

중고 거래를 통해 탄소를 절감할 수 있는데, 어떤 중고 거래 어플은 거래한 물건의 탄소 절감 효과를 보여 주기도 한다. 필요한 물건이 있다면 중고 거래를 이용해 봐야지!

9. 맛있는 수확

"으악, 이게 뭐야!"

엄청난 비명과 함께 텃밭을 가로질러 도망치는 후식이의 뒷모습이 보였다. 후식이가 저렇게나 빨리 달릴 수 있는 줄 처음 알았다. 뒤이어 의리의 툴툴거리는 목소리가 들려왔다.

"야, 도후식! 너 때문에 넘어졌잖아. 상추가 뭉개질 뻔했어!"

도망치는 후식이에게 부딪혀 엉덩방아를 찧었나 보다. 어떤 상황인지 안 봐도 눈에 훤했다. 조금 떨어진 곳에서 잎새와 가지를 따던 나는 의리에게 물었다.

"또 벌레가 나왔어?"

"응, 후식이는 아직도 적응이 안 되나 봐."

엉덩이에 묻은 흙먼지를 털어 내며 의리가 대답했다. 후식이는 벌레라면 깨알만 한 것만 봐도 질겁을 한다. 텃밭 활동을 하며 그나마 벌레에 익숙해진 줄 알았는데, 벌레가 몸에 닿는 건 여전히 무서운 모양이었다. 이럴 때는 내가 후식이를 달래 주곤 했다.

"후식아, 진정해. 숨을 크게 마셔 봐. 쓰읍, 후우."

후식이는 가슴을 부여잡고 심호흡을 했다.

"쓰읍, 후우, 쓰읍, 후우……."

"그렇지. 우리 후식이 잘한다."

의리는 말없이 후식이의 등을 도닥였다.

그때 잎새가 벌떡 일어나 소리쳤다.

"애들아, 이것 봐. 이 가지 엄청나게 크지 않아?"

"와, 진짜 크긴 하네. 그건 벌레 안 먹었어?"

후식이가 겁먹은 목소리로 물었다. 따는 족족 벌레 먹은 열매라 또 그럴까 걱정이 된 모양이었다.

"응, 그런데 벌레가 먹는다는 건 그만큼 건강한 채소라는 뜻이야. 우리 농약도 안 쳤잖아."

"잎새 말이 맞아. 벌레 먹은 채소나 과일이 보기에 좋지는 않지만, 맛있고 안전하다고 배웠잖아."

주말농장에 갔을 때 들은 이야기가 생각나 나도 덧붙였다.

"와, 얘들아, 이 오이도 완전 크다!"

의리가 제 팔뚝만 한 오이를 들어 보였다.

"어떻게 며칠 사이에 이렇게나 커졌지? 난 오이, 가지 이런 건 안 좋아하는데 신기하긴 하네."

후식이가 땀인지 눈물인지 모를 액체를 닦으며 말했다.

'이런 게 바로 수확의 기쁨이라는 거구나.'

평소에 별생각 없이 먹던 식재료가 모두 이렇게 오랫동안 정성

으로 키워진 것을 알고 나니, 감사한 마음으로 음식을 먹어야겠다는 생각이 들었다.

나는 다시 수확에 집중했다. 하나둘 담다 보니 금세 바구니가 가득 찼다. 우리는 두 손은 무겁지만 마음은 가볍게, 갓 수확한 싱싱한 채소를 들고 영양 선생님이 있는 급식실로 향했다.

놀라서 휘둥그레진 영양 선생님의 눈을 보니 나도 모르게 웃음이 나왔다. '이 많은 것을 어디서 가져왔냐'는 표정이었다. 영양 선생님이 묻기도 전에 잎새가 얼른 말했다.

"이거 저희가 직접 텃밭을 가꿔서 수확한 거예요."

"정성껏 돌보더니 벌써 수확할 때가 되었구나?"

"네, 그동안 선생님께 배운 내용을 실천하고 싶었어요. 탄소 발자국도 줄이고, 건강한 음식을 먹으려고요."

영양 선생님의 얼굴에 뿌듯한 웃음이 번졌다.

"탄소 발자국을 엄청 줄였네!"

우리는 선생님의 칭찬에 기다렸다는 듯 한목소리로 외쳤다.

"이걸로 맛있는 급식 만들어 주세요!"

"좋아! 탄소 발자국을 줄이기 위한 너희들의 노력을 헛되게 할 수 없지. 선생님이 이 재료들로 맛있는 급식을 만들어 볼게."

영양 선생님은 기분 좋게 바구니를 받아 드셨다. 우리가 기른 채소가 어떤 음식으로 변신할지 벌써 기대가 됐다.

다음 날, 영양 선생님은 우리와 한 약속을 멋지게 지키셨다. 갑자기 급식 메뉴에 변동이 있다고 하더니, 오늘의 메뉴 안내판에 '가

지 피자'가 새로 올라와 있었다. 우리가 가져다드린 가지를 써서 새로운 메뉴를 만드신 거다. 맛은 어떨지, 아이들의 반응은 어떨지 괜스레 긴장되었다.

"와, 진짜 맛있어!"

입안 가득 피자를 욱여넣으며 후식이가 말했다. 누구라도 따라 먹고 싶을 만큼 행복한 표정이었다.

"후식아, 진짜 맛있어?"

"완전 맛있는데? 나 벌써 두 개째야, 히히."

대답하면서도 끊임없이 피자를 먹는 후식이가 신기했다. 편식이 심한 후식이는 가지를 가장 싫어한다고 누누이 말하곤 했다. 물컹물컹한 식감 때문에 도무지 삼킬 수가 없다고. 그렇게 싫어하는 가지로 만든 피자를 이렇게 맛있게 먹다니!

"그 피자, 우리가 수확한 가지로 만든 거야. 네가 제일 싫어하는 그 가지!"

"응, 알아. 오늘의 메뉴 안내판에 '가지 피자'라고 떡하니 적혀 있는데 내가 모를 리가 있냐."

"근데 맛있어? 너 가지 엄청 싫어하잖아."

"희한하게 맛있네? 내가 힘들게 키운 거라 그런가?"

맙소사! 가지를 그렇게나 싫어하던 후식이가 가지 피자를 먹고 있다. 그것도 아주 맛있게! 후식이를 보면서 가지를 기르길 잘했다는 생각이 들었다.

우리가 키운 재료로 만든 급식을 다른 친구들은 어떻게 먹었을지 궁금했다. 그래서 급식을 먹고 나오는 애들을 붙잡고 푸나당의 반짝 인터뷰를 해 봤다.

"괜찮던데."

"그게 가지였어?"

"가지인 줄 몰랐어. 근데 엄청 맛있었어!"

대체로 반응이 괜찮았다. 그때 잎새와 의리가 다가왔다.

"평소보다 잔반도 적고, 아이들 반응도 좋아! 대성공이야!"

"후식이도 완전 잘 먹던데. 후식이가 옆에서 맛있게 먹으니까 더 맛있게 느껴졌어."

"나 사실 용기 내서 먹은 거거든. 근데 먹어 보니까 맛있더라고. 새로운 맛의 세계를 알아 버렸어!"

후식이의 말에 키득거리며 교실로 가려는데, 영양 선생님이 우리 앞을 막아섰다.

"얘들아, 오늘 가지 피자 어땠어?"

"선생님, 진짜진짜 맛있었어요! 생긴 건 못나도 맛은 그렇지 않다는 걸 또 한 번 배웠어요!"

내 말에 푸나당 친구들도 세차게 고개를 끄덕였다.

"너희가 흘린 땀이 들어간 채소들이라 그런지, 선생님도 다른 때보다 훨씬 맛있게 만들어진 것 같아. 메뉴를 급하게 바꿔서 어떠려나 걱정도 되고 궁금하기도 했는데, 맛있게 먹었다니 다행이네."

"다른 애들도 다 맛있었대요. 저희가 다 물어봤어요!"

의리의 말에 선생님은 함박웃음을 지으셨다.

"오오, 고민한 보람이 있는걸. 오늘은 가지 한 가지만 썼는데, 너희가 키우는 다른 채소들도 써 보면 좋겠어. 또 어떤 음식을 만들 수 있을지, 너희 푸나당도 선생님과 함께 고민해 주면 어떨까?"

"저탄소 급식의 날을 위한 식단을 짜 보면 될까요?"

잎새의 질문에 영양 선생님이 대답하기도 전에 후식이가 들뜬 목소리로 외쳤다.

"저희가 급식 식단을요? 저 완전 해 보고 싶었어요!"

"그래, 너희 푸나당 덕분에 저탄소 급식의 날이 늘어났으니, 너희가 한번 식단을 짜 보는 것도 의미가 있겠다. 어때, 해 볼 수 있겠니?"

"네!"

우리는 다 함께 큰 소리로 외쳤다. 그래도 학교를 쩌렁쩌렁 울리는 후식이의 커다란 목소리를 이길 수는 없었다.

학교가 끝나고 집에 가는 길에 영양 선생님이 말씀하신 저탄소 급식 메뉴에 대해 푸나당 친구들과 이야기를 나누었다.

"애들아, 저탄소 급식의 날에 넣고 싶은 메뉴 있어?"

"난 짜장면이 먹고 싶어졌어. 후루룩! 짭조름하고 맛 좋은 짜장면 말이야."

내 질문에 후식이가 제일 먼저 대답했다. 후식이의 대답을 들은 의리가 웃음을 터뜨렸다.

"야, 또후식! 그게 무슨 저탄소 급식이야?"

후식이가 그럴 줄 알았다는 표정을 짓더니 배를 통통 두드리며 말했다.

"우리 의리가 하나는 알고 둘은 모르는구나. 우리가 키운 오이를 송송 썰어서 얹어 먹으면 얼마나 맛있겠어. 응?"

"정말 좋은 생각인 것 같아. 요즘 오이 안 먹는 친구들 많은데, 식습관도 좋아질 수 있겠는데?"

가만히 듣고 있던 잎새가 손뼉을 치며 후식이를 거들었다.

"듣고 보니 그렇네. 짜장 소스가 맛있으니까 꼭 고기를 넣지 않아도 돼서 탄소를 줄일 수 있겠어."

"그럼 우리 좀 더 찾아 보고 식단표를 완성해 보자."

"푸나당 파이팅!"

이음이의 생각거리

오늘은 내가 채식 요리사

직접 채소를 가꾸는 것에서 그치지 않고, 훌륭한 저탄소 급식 메뉴까지 개발한 우리의 스쿨 푸드 프로젝트! 오늘도 우리가 탄소 발자국을 줄였다는 뿌듯함과 함께 지구를 구하는 영웅이 된 것만 같아.

10. 우리 함께 푸.나.당!

스쿨 푸드 프로젝트를 마친 뒤에도 우리는 텃밭을 꾸준히 돌봤다. 싱싱한 채소를 바라보는데 좋은 생각이 번뜩 떠올랐다.

"얘들아, 수확한 채소로 우리끼리 음식을 만들어 먹을까?"

"완전 좋은 생각!"

내 제안에 의리가 잔뜩 신이 나서 대답했다.

"나는 맛있게 잘 먹어 줄 자신이 있어!"

"나도 대환영이야. 채소로도 맛있는 요리를 할 수 있다는 걸 보여 주겠어!"

후식이와 잎새도 한껏 들뜬 표정이었다.

"요리해서 먹을 때 누구 한 명 초대해도 될까?"

의리가 머뭇거리며 말을 꺼냈다. 도대체 누굴 초대해서 땀 흘려 키운 채소로 직접 만든 음식을 대접하려는 걸까. 그 주인공이 누구인지 궁금했다.

"초대? 누구?"

"그건 비밀이야. 나중에 보면 알아."

의리는 입을 굳게 다물었다. 그러자 후식이와 잎새도 질세라 한 명씩 초대하고 싶다고 했다.

나도 왠지 한 명을 초대해야 할 것만 같았다. 누굴 초대할지 생각도 하지 않고 나도 초대하겠다고 했다.

"파티네, 파티! 진짜 재밌을 것 같아. 기대돼!"

후식이가 빨갛게 달아오른 얼굴로 말했다. 나도 요리할 날이 기다려졌다. 우리는 날짜를 정하고, 요리 연구에 몰두했다.

드디어 기다리고 기다리던 채식 요리 파티 날이 되었다!

다들 도대체 누굴 데려올지, 어떤 음식을 준비했을지 궁금한 마음을 안고 미리 빌려 둔 다목적실 문을 열었다. 안에서 익숙한 목소리가 들려왔다.

"이음아, 이렇게 멋진 파티에 초대해 줘서 고마워."

내가 초대한 담임 선생님이 먼저 와 계셨다. 그동안 텃밭 가꾸는 일을 많이 도와주셔서 이번 기회에 음식을 대접해 드리고 싶었다. 내 초대를 받고 선생님은 굉장히 좋아하셨다. 담임 선생님께 반갑게 인사를 드리고는 주변을 둘러보았다.

"네가 이음이구나. 반가워. 난 잎새 엄마란다."

"이음이, 안녕. 여기서 또 보네!"

잎새는 맛있는 채식 요리를 해 주고 싶다며 비건인 엄마를 초대했고, 후식이는 맛있는 급식을 준비해 주시는 영양 선생님을 초대했다. 그리고 의리는 다양한 음식을 맛보게 해 주고 싶다며 데니스를 초대했다.

우리는 각자 준비한 재료를 꺼내 요리 준비를 했다. 후식이는 가지 탕수, 의리는 토마토 달걀 볶음, 잎새는 비건 고추 잡채, 나는 방울토마토로 카나페를 만들기로 했다.

"나 도후식의 요리 실력을 보여 주마. 가지 튀김 냄새가 아주 끝내줄걸."

"이거 왜 이러셔. 나 조장금이야. 절대 도후식에게 질 수 없지. 토달볶의 참맛을 보여 주마!"

후식이와 의리가 신경전을 벌이는 모습을 보고 있자니, 웃음이 새어 나왔다. 그런데 웃음도 잠시, 이마에서 땀이 삐질삐질 났다.

'와, 요리가 이렇게 힘든 거라고?'

채소를 다듬고, 조리하는 과정이 생각보다 쉽지 않았다. 시간도 생각보다 오래 걸렸다. 막히는 부분은 어른들이 조금 도와주시긴 했지만 대부분은 우리가 직접 만들었다.

한참 만에 완성된 요리는 모양이 예쁘지는 않았다. 그래도 세상에 둘도 없는 멋진 요리를 해낸 기분이 들었다.

요리를 맛본 영양 선생님과 담임 선생님의 두 눈

이 휘둥그레졌다.

"모양은 투박하지만 맛은 확실해!"

"너희가 만드는 걸 두 눈으로 봐 놓고도 못 믿겠는데?"

"내가 만든 건데 왜 이렇게 맛있냐? 쩝쩝."

"또후식! 이러다 네가 다 먹겠다, 진짜!"

가지 탕수를 연신 집어먹는 후식이를 보고 우리는 웃음을 터뜨렸다.

"앗! 길샘, 지금 뭐 하세요?"

눈치 빠른 의리가 소리치는 바람에 모두의 눈길이 담임 선생님에게 쏠렸다. 영양 선생님에게 음식을 먹여 주려던 순간을 들킨 담임 선생님 얼굴이 빨갛게 달아올랐다.

"아이쿠, 내 입으로 들어가야 하는데 잘못 갔네. 하하."

담임 선생님 옆에서 영양 선생님의 얼굴도 덩달아 붉어졌다.

다 함께 웃고 떠들다 보니 텃밭을 가꾸던 시간이 머릿속을 스쳐 지나갔다. 힘든 만큼 얻은 것도, 느낀 것도 많은 시간이었다.

"다들 맛있게 드시는 모습을 보니 엄청 뿌듯해요."

잎새의 말을 들은 담임 선생님이 빙긋 웃으며 작게 접은 종이를 나눠 주셨다.

"이건 푸나당에게 주는 선물!"

종이를 펴 보니 씨앗이 들어 있었다.

"스쿨 푸드를 성공적으로 끝냈으니 이제 집에서도 채소를 가꿔 먹으면서 건강한 먹거리와 기후 위기에 대해 계속 고민해 주렴."

선생님이 주신 씨앗은 저마다 모양이 달랐다. 심으면 어떤 식물이 자랄지 궁금했다.

여름 방학이 성큼 다가온 어느 날이었다. 의리가 우리를 다목적실로 불렀다. 다목적실은 평소와 다르게 컴컴해서 무슨 일인가 싶었는데, 우리 셋이 들어서자 모니터에서 영상이 재생되었다.

"꺅! 뭐야?"

영상에는 한 학기 동안 우리가 한 푸나당 활동들이 담겨 있었다.

채식 홍보 피켓을 들고, 텃밭을 가꾸고, 줍깅을 하고, 오이마켓을 하고, 요리하던 모습들이 배경 음악과 함께 파노라마처럼 펼쳐졌다. 우리는 아무 말 없이 영상에 빠져들었다. 코끝이 찡해진 나는 의리에게 물었다.

"이걸 언제 만들었어?"

"저번 주말에. 1학기를 그냥 마무리하기 아쉽잖아. 우리 나름 열심히 활동했더라고."

"그러네. 정말 다 재미있었어. 이렇게 정리하니 우리 좀 멋진걸. 의리야, 고마워."

잎새가 의리를 돌아보며 말했다.

나도 푸나당 활동 중에 가장 기억에 남는 일을 떠올려 보았다.

"있잖아, 나는 푸나당 활동 중에 오이마켓이 가장 기억에 남아. 두 시간 동안 서 있느라 다리도 아프고, 큰 소리로 물건을 파느라 목도 다 쉬었지만 힘든 만큼 진짜 보람 있었어. 너희는?"

"나는 저탄소 급식의 날이 늘어난 게 진짜 좋았어. 너희들한테 정말 고마워. 같이 로컬 푸드 매장에 갔던 것도 정말 뜻깊었어."

잎새의 대답에 이어서 의리가 말했다.

"나는 줍깅이 가장 기억에 남아. 그 뒤로도 가족들이랑 종종 줍깅을 나가."

"대단하다! 나는 아무래도 텃밭이 제일 기억에 남네. 나 푸나당 탈퇴할 뻔했잖아. 사실 아직도 벌레가 무섭고, 흙 만지는 게 낯설지만 조금은 적응이 됐어. 텃밭 덕분에 채소 맛을 좀 알게 됐달까?"

후식이의 익살스러운 표정을 보고 우리는 한바탕 웃음을 터뜨렸다. 1학기 동안 했던 일들을 떠올리다 보니 자연스레 2학기 계획도 세우게 되었다.

"텃밭은 계속하자. 이번에는 배추랑 무를 심을까?"

"오오, 완전 좋아. 깍두기 해 먹으면 좋겠다, 히히."

잎새가 텃밭을 제안하자, 후식이가 바로 텃밭에 심을 작물을 찾기 시작했다.

"청명천에서 했던 것처럼 우리 학교 주변에서도 줍깅을 주기적으로 해 보자. 하고 싶은 친구들 신청받아서 같이 해도 좋고."

이건 의리의 아이디어였다. 이야기를 나누다 보니 좋은 생각들이 쏟아져 나왔다. 우리는 여름 방학에도 계속 연락을 하며 2학기 때 활동할 내용을 정하기로 했다.

모임이 끝나갈 무렵 잎새가 조심스레 말을 꺼냈다.
"나는 이제 락토 오보 채식을 하려고."
"락토 오보? 생선을 안 먹고 달걀, 유제품까지만 먹는?"
의리가 채식의 종류를 되짚어 보며 되물었다.
"응, 맞아. 바다와 해양 생태계를 보존하는 것도 중요하더라고. 우리가 생선을 많이 먹을수록 아직은 더 자라야 하는 바다 생물까지 잡아들이는 싹쓸이 어업을 하는 사람들이 늘어난대. 그렇게 잡혀서 우리 식탁에 오르기도 하고 양식장의 사료가 되기도 하고. 이런 일이 계속되면 바다는 텅 빌 거야. 망가지면 그대로 바다에 버리는 그물 때문에 다치거나 죽는 바다 생물도 많고, 애꿎은 돌고래도 그물에 걸려서 질식해 죽어 가고 있어."

"너무 안타깝다……."

"사람들이 계속 욕심을 부리면 아예 지구에서 사라질 날이 올 수도 있겠구나."

"바다 생태계도 중요하네."

잎새의 말을 듣고 보니 고개가 끄덕여졌다. 바다는 무한히 풍요롭고, 늘 그대로일 것만 같았다. 바다가 텅 빌 수 있다는 것은 한 번도 생각해 본 적이 없었다.

그때 휴대폰으로 싹쓸이 어업의 문제점을 검색하던 의리가 말했다.

"헉! 태국, 베트남 같은 동남아시아에서는 맹그로브 숲을 없애고 블랙타이거 새우를 기르는 양식장으로 만든다는데. 인도네시아에서 일어났던 쓰나미도 맹그로브 숲이 사라진 탓일 수 있대."

"내가 좋아하는 블랙타이거 새우가 그런 엄청난 재난을 불러온다고?"

후식이가 울상을 지었다.

"맞아, 맹그로브 숲은 이산화탄소를 흡수해서 온난화 속도를 늦춰 주거든. 그런데 면적이 점점 줄어들어서 문제라고 들었어."

역시 잎새는 맹그로브 숲이 줄어드는 문제도 알고 있었다. 소고기 때문에 숲을 없애더니만 새우 때문에 맹그로브 숲도 없애고 있다니 충격적이었다.

"우리도 새우나 생선 먹는 횟수를 줄여야겠다."

"그동안 노력했던 것들도 더 잘 실천할 거야."

우리는 앞다투어 다짐했다.

"그나저나 너희, 선생님이 주신 씨앗 심었어?"

"아, 맞다."

의리의 말에 퍼뜩 잊고 있던 씨앗 생각이 났다.

나는 집에 오자마자 선생님이 주신 종이를 찾았다. 종이를 열어 보니 깨처럼 보이는 씨앗이 들어 있었다. 자세히 들여다봐도 도통 무슨 씨앗인지 알 수가 없었다. 나는 당장 화분으로 쓸 만한 그릇을 찾아보았다. 떡볶이 배달을 시켜 먹고 재활용하려고 씻어 둔 플라스틱 용기가 눈에 띄었다.

'떡볶이도 이제 그만 시켜 먹어야지. 매장에서 먹거나 우리 집 그릇을 가져가서 포장해 와야겠어.'

나는 떡볶이 그릇 바닥에 송곳으로 물이 빠질 구멍을 낸 뒤 흙을 담았다. 거기에 연필로 씨앗 구멍을 만든 다음 선생님이 주신 씨앗을 넣고 흙으로 덮어 주었다. 그날부터 시간이 날 때마다 화분을 들여다보고 흙이 마르면 물도 열심히 주었다. 무엇이 자랄지 너무나 궁금했다. 그리고 여름 방학이 시작된 오늘, 마침내 조그만 새싹이 빼꼼 머리를 내밀었다. 가슴이 벅차올랐다.

이음이의 생각거리

탄소 줄이는 습관 만들기

- ☐ 일주일에 하루 고기 없는 날 실천하기
- ☐ 동물 복지 마크 기억하기
- ☐ 비닐봉지 대신 장바구니, 에코백 사용하기
- ☐ 일회용 컵 대신 텀블러 사용하기
- ☐ 내가 소비하는 물건의 원산지 확인하기
- ☐ 저탄소 인증 농산물 먹기
- ☐ 못난이 농산물 먹기
- ☐ 탄소 발자국이 적은 지역 농산물 먹기
- ☐ 작물을 키워 요리해 보기
- ☐ 줍깅 실천하고 기록하기
- ☐ 나는 쓰지 않지만 아직은 쓸 만한 물건 찾아 친구와 맞교환하거나 나눔 하기
- ☐ 자동차보다 대중교통이나 자전거 이용하기, 가까운 거리는 걸어가기
- ☐ 내 물건 소중히 오래오래 쓰기
- ☐ 물건을 사기 전에 꼭 필요한 물건인지 확인하고 중고 물품으로 구매할 수 있는지 확인하기

못생긴 과일, 채소 먹기

우리도 함께 실천해 봐요

　여러분도 지구가 날로 더워지는 것이 느껴지나요? 지구 온난화로 극지의 빙하가 녹아 북극곰과 펭귄은 살 곳을 잃어 가고, 남태평양의 섬나라 투발루는 바닷물에 잠기고 있지요. 지구 온난화에 관한 이야기는 아주 오래전부터 계속되어 온 것 같은데, 왜 갈수록 지구의 온도는 올라가기만 할까요? 아마도 우리 모두가 지구 온난화는 나와 먼 이야기라고, 지금 당장은 괜찮을 거라고 생각해서가 아닐까요?

　우리나라는 원래 사계절이 뚜렷했는데, 갈수록 봄과 가을은 짧아지고 여름과 겨울이 길어지고 있어요. 특히 여름철마다 반복되는 폭염과 폭우가 큰 문제예요. 엄청나게 쏟아지는 비 때문에 산사태가 나서 도로가 흙더미에 뒤덮이고, 마을과 도시 곳곳이 물에 잠겨 큰 피해를 입고 있지요. 이렇게 기온이나 강수량이 평소와 다른 것을 '이상 기후'라고 해요. 모두 지구 온난화가 원인이에요.

세계 여러 나라에서는 곳곳에서 벌어지는 이상 기후 현상을 막기 위해 '탄소 중립 운동'을 활발히 펼치고 있어요. 탄소 중립 운동은 온난화를 일으키는 온실가스가 더 이상 늘어나지 않도록 탄소 배출량을 줄이고 탄소 흡수량을 늘려, 탄소 배출량을 0으로 만들자는 것이에요. 학교에서도 탄소 중립이 무엇인지 알리고, 탄소 중립을 위해 작은 실천을 이어 가고 있어요. 월 1회 이상 저탄소 급식, 재활용품 분리배출, 이면지 재활용, 개인 컵 사용 등이 대표적이지요.

　이 책에 나오는 이음이와 아이들은 채식주의자인 잎새를 만나면서 식생활을 통해서도 탄소 중립을 실천할 수 있다는 것을 알게 돼요. 잎새가 채식주의자가 된 이유를 알고 나서는 더욱 적극적으로 탄소 중립을 실천하고자 노력하지요. 이음이와 친구들의 이야기를 따라가다 보면 탄소 중립이 생각보다 어렵지 않다고 느끼게 될 거예요. 일상 속 작은 실천으로 지구 온도를 낮출 수 있다니! 당장 지금부터, 그리고 나부터 실천해야겠죠? 우리도 작은 것부터 하나씩 실천해 봐요.

글로

똑똑교양 11

© 글로·허현경, 2025

초판 1쇄 인쇄 2025년 5월 13일 | 초판 1쇄 발행 2025년 5월 23일
ISBN 979-11-5836-536-3, 979-11-5836-206-5(세트)

펴낸이 임선희 **펴낸곳** ㈜책읽는곰 **출판등록** 제2017-000301호
주소 서울시 마포구 성지길 48 **전화** 02-332-2672~3 **팩스** 02-338-2672
홈페이지 www.bearbooks.co.kr **전자우편** bear@bearbooks.co.kr
SNS Instagram@bearbooks_publishers

책임 편집 이다정 **책임 디자인** 강연지
편집 우지영, 우진영, 최아라, 박혜진, 김다예, 윤주영, 도아라, 홍은채 **디자인** 강효진, 김은지, 윤금비
마케팅 정승호, 배현석, 김선아, 이서윤, 백경희, 김현정 **경영관리** 고성림, 이민종 **저작권** 민유리
협력업체 이피에스, 두성피앤엘, 월드페이퍼, 원방드라이보드, 해인문화사, 으뜸래핑, 문화유통북스

이 책은 저작권법에 따라 보호받는 저작물이므로 무단 전재와 무단 복제를 금합니다.
이 책 내용의 전부 또는 일부를 사용하시려면 반드시 저작권자와 출판사의 동의를 얻어야 합니다.

KC마크는 이 제품이 공통안전기준에 적합하였음을 의미합니다.
제조국 : 대한민국 | 사용 연령 : 10세 이상
책 모서리에 부딪히거나 종이에 베이지 않도록 주의해 주세요.